Endres u.a. · Mündlich: gut

Wolfgang Endres, Monika Forster,
Frank Liebetanz, Andreas Petermann

Mündlich: gut

Die Lernmethodik zur mündlichen Mitarbeit

Gesamtkonzeption: Wolfgang Endres

Beltz Verlag · Weinheim und Basel 1991

»Rundenzeiger« als Lese- und Orientierungshilfe

»Mündlich: gut« mußt du nicht Runde für Runde »durchdrehen«. Du kannst auch »größere Sprünge« machen. Dazu wählst du dir eines der sieben Schwerpunktthemen aus und nimmst dir nur die entsprechenden Runden vor:

Sprechsituationen: Freies Sprechen vor der Klasse
Runden 1 – 2 – 3 – 4 – 11

Redetechnik: Richtig sprechen mit Erfolg
Runden 6 – 8 – 9 – 10 – 12 – 13 – 14 – 20

Präsentation: Wirkungsvoll in Szene setzen
Runden 14 – 18 – 19 – 20

Selbstsicherheit: Selbstbewußt und sicher auftreten
Runden 1 – 2 – 21 – 22 – 24 – 25 – 26 – 27 – 28 – 29 – 30 – 39

Kommunikation: Offen aufeinander zugehen
Runden 5 – 6 – 7 – 23 – 25 – 31 – 32 – 33 – 35 – 36 – 37 – 38 – 48 – 49

Durchsetzungsvermögen: Gekonnt mitreden und -gestalten
Runden 11 – 15 – 16 – 17 – 26 – 31 – 34 – 35 – 36 – 40 – 42 – 45 – 47

Unterrichtsfächer: Erfolgreich Punkte sammeln
Runden 16 – 17 – 40 – 41 – 42 – 43 – 44 – 45 – 46 – 47 – 49

Inhaltsverzeichnis

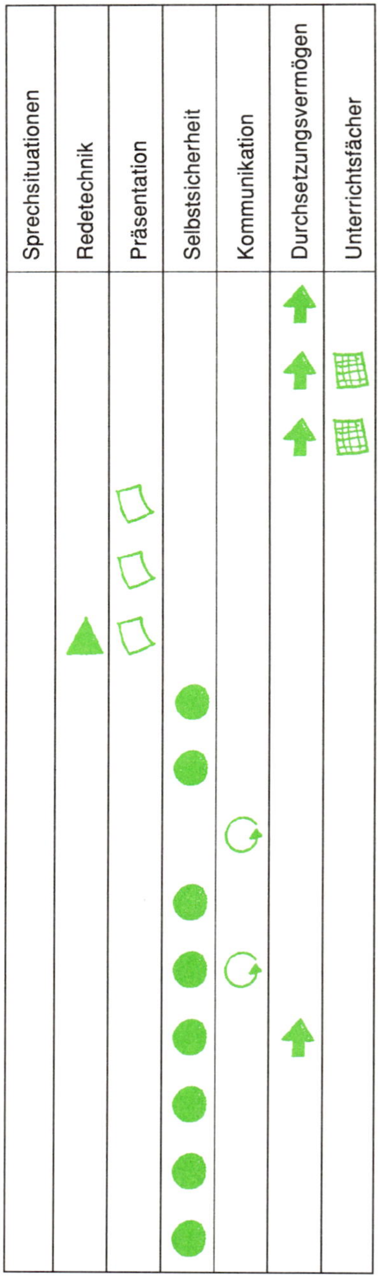
Sprechsituationen
Redetechnik
Präsentation
Selbstsicherheit
Kommunikation
Durchsetzungsvermögen
Unterrichtsfächer

Worum sich alles dreht

»Eine kurze, witzige, unbeglaubigte, aber charakteristische Erzählung oder Begebenheit, meist eine bekannte Persönlichkeit betreffend.« Das ist die Erklärung, die du im Brockhaus unter »Anekdote« findest. Und genau daher stammt mein Name: Anekdoteles.

Auch ich bin kurz und witzig, und unbeglaubigten Erzählungen nach stamme ich aus der Zeit irgendwann zwischen Sokrates (470 v. Chr. – 399 v. Chr.) und Demosthenes (384 v. Chr. – 322 v. Chr.).

Bei Sokrates habe ich eine tolle Fragetechnik und das Denken gelernt. Vielleicht kennst du seinen berühmten Ausspruch: »Ich weiß, daß ich nichts weiß.« Das klingt zwar recht lustig, ist aber eine sehr weise Erkenntnis und ein mutiges Zugeben seiner eigenen Unzulänglichkeit. Besserwisser sind da allerdings entschieden anderer Meinung.

Demosthenes, einer der berühmtesten Redner der Antike, hat mir die Kunst des freien Sprechens beigebracht. Dabei war er anfangs selber ein ziemlicher Versager beim Reden.

Und seither rede ich für mein Leben gern. Ich hoffe, daß du mich deshalb nicht als Schwätzer empfindest. Wovon ich dir erzählen will, das hat mit Schwätzen nichts zu tun. Im Gegenteil. Mir geht es um das Mitreden. Und das setzt ein Mitdenken voraus.

Zum Beispiel im Unterricht. Kommt es da nur auf das Schriftliche an? Wird in einer normalen Unterrichtsstunde mehr geschrieben oder mehr gesprochen? Ist das Mündliche also nicht mindestens genauso wichtig? Was hast Du eher gelernt – Schreiben oder Sprechen?

Ganz abgesehen davon ist die mündliche Kultur viel älter als die Schriftkultur. Das war nicht nur zu meiner Zeit so.

Auch später im Beruf entscheidet sehr oft das Reden und Sprechen darüber, wer die erste Geige spielt. Schau dir einmal Zeitschriften für Manager an. Die Titelseiten genügen schon. Da wimmelt es von Schlagzeilen wie: »Überzeugend argumentieren und gewinnen« – »Mehr Erfolg durch sicheres Auftreten« – *»Wer das Sagen haben will, muß reden können.«*

Das ist auch in der Schule so. Gut, hier fällt das Schriftliche mehr ins Gewicht. Aber wenn du mündlich gut drauf bist, sammelst du so viele Pluspunkte, daß du dich dadurch insgesamt enorm verbessern kannst. Gern will ich dir verraten, wie das geht.

Wer das Sagen haben will, muß reden können. Vielleicht sagst du jetzt: »Schön wär's. Aber mir liegt das halt nicht!« Dann sage ich dir: »Wenn du willst, dann lernst du es auch!« Du mußt ja nicht gleich so rabiat rangehen, wie Demosthenes es gemacht hat.

Dieser Teufelskerl hatte einen Sprachfehler. Außerdem hatten alle seine Stimme als dünnes »Stimmchen« bezeichnet. Das hat ihn unheimlich geärgert. Mit Kieselsteinen im Mund übte er so lange, bis sein Sprachfehler verschwunden war. Seine Stimme stärkte er, indem er am Meer gegen die Brandung anschrie, bis er lauter als das Tosen der Wellen war. Da Demosthenes kurzatmig war, betrieb er auch Jogging, hauptsächlich bergauf.

Trotzdem erlebte er bei seiner ersten öffentlichen Rede eine fürchterliche Schlappe. Ihm passierte das, wovor sich ein Redner am meisten fürchtet: Er wurde ausgelacht. Nun zog er sich in eine Höhle zurück. Er rasierte sich den Schädel fast wie ein Punker. So zwang er sich, eine Zeitlang nicht mehr unter die Leute zu gehen. Monate lang blieb er in der Höhle und übte mit einem Schauspieler ausdrucksvoll zu sprechen. So wurde aus einem ehemaligen Stümper ein glänzender Redner.

Kommt dir diese Anekdote arg verstaubt vor? Soll ich dir lieber Beispiele aus moderner Zeit erzählen? Hast Du schon mal was von Lee Iacocca, jenem weltberühmten Top-Manager gehört? Ich lasse ihn am besten selbst erzählen:

»In den ersten paar Jahren meiner Berufstätigkeit war ich introvertiert, ein Veilchen, das im Verborgenen blüht. Eines Tages habe ich einen Rhetorikkurs besucht. Der Lehrgang begann damit, daß man uns aus unseren Schneckenhäusern lockte. Manche Menschen – und ich zählte zu ihnen – können den ganzen Tag vor ein, zwei Leuten sprechen, aber sobald sie eine größere Gruppe vor sich haben, sind sie ziemlich nervös.«

Ein paar Jahre später war dieser Mann einer der mitreißendsten Redner in der freien Wirtschaft.

Aber zurück zu dir. Wahrscheinlich interessiert dich irgendein Top-Manager im Moment herzlich wenig. Dein »Konzern« heißt zur Zeit einfach »Schule«. Ein Betrieb, in dem man Rechnen, Schreiben, Lesen lernt. Aber lernt man dort auch Sprechen? Richtiges Sprechen? Nein, kann ich da nur sagen. Da ist jeder junge Mensch auf sich allein gestellt.

Ist das in deiner Klasse auch so, daß oft ein Angeber das große Wort führt und du lieber schweigst? Warum sagst du nichts? Warum fällt dir das Mitreden schwer? Hast du Angst, dich zu blamieren, Fehler zu machen? Ich kenne das: Du steht allein da vorne, alle gaffen dich an – und plötzlich ist sie da, die Angst, die meinen Körper verkrampft, mein Gedächtnis vergeßlich macht und die mich ins Stocken bringt.

Frei Sprechen heißt zuerst, solche Ängste überwinden. Das gilt auch für die Angst, einen Fehler zu machen, mal Blödsinn zu reden. Kein Mensch muß druckreif reden. Jeder Mensch hat ein Recht darauf, Fehler machen zu dürfen. »Irren ist menschlich«, haben wir früher immer gesagt. Und heute sage ich: »Niemals irren ist unmenschlich!«

- Gib dir also einen Ruck, melde dich in jeder Stunde mindestens einmal und gib eine tolle Antwort oder stelle eine pfiffige Frage.

- Lies deinen Aufsatz vor wie eine Fernsehansagerin oder ein Nachrichtensprecher.

- Halte ein Referat und biete es so gut verpackt an, daß es deiner Lehrerin oder deinem Lehrer vor Staunen die Sprache verschlägt.

- Sage ein Gedicht, vielleicht sogar ein »Selbstgemachtes« so auf, daß die ganze Klasse spontan Beifall klatscht.

Zuviel verlangt? Keine Angst, ich lasse dich nicht hängen. Ich habe einige tolle Tips auf Lager, wie du im Mündlichen zum Profi wirst.

Das heißt nicht, daß du nur munter drauflosquaken sollst. Ich habe kein Rezeptbuch für Schaumschlägerei. Obwohl das manchmal als letzte Rettung in höchster Not immer noch besser ist, als stillschweigend aufzugeben. Das ist wie in der Anekdote von Quakos, dem berühmten Frosch:

Eines Tages geht Quakos mit seinem Freund Quaki spazieren. Sie kommen an einer großen Milchkanne vorbei. Weil sie großen Durst haben, beschließen sie, hineinzuspringen. Als sie sich sattgetrunken haben, kommen sie nicht mehr heraus. Immer wieder rutschen sie an der glatten Wand ab und platschen in die Milch zurück. Da gibt es ein großes Quaken und Backenblasen. Quaki gibt auf – und ertrinkt. Quakos aber strampelt und strampelt, daß die Milch ganz schaumig wird und sich schließlich ein Butterklumpen bildet. Auf diesem ruht er sich aus, stößt sich nach einer Weile kräftig ab und springt mit einem Satz ins Freie.

So gesehen, ist der Tip »Sei kein Frosch!« auch nicht immer richtig. Ausnahmen gibt es überall und immer wieder – sogar bei Fröschen.

Trotzdem empfehle ich dir heute: »Sei kein Frosch!« Ich meine damit, sei kein Frosch wie Quaki. Sei kein Frosch, der aufgeblasen daherquakt und einfach aufgibt, wenn's ihm mulmig wird.

Aber einer wie Quakos, der wäre genau der Richtige. Jedenfalls ist er mein Freund, der mich auf Schritt und Tritt begleitet. Ob es nun darum geht, wie du

- deine Nervosität beim Reden in den Griff bekommst,
- eine gute Rede- und Atemtechnik trainierst,
- Pluspunkte durch mündliche Mitarbeit sammelst,
- eine pfiffige Fragetechnik einsetzt,
- dein Referat wie ein Profi präsentierst,
- Enttäuschungen besser wegstecken kannst,
- die Initiative zu einem Gespräch ergreifst,
- mit schwierigen Lehrern am besten umgehst,
- dein Selbstbewußtsein systematisch förderst,
- dein echtes Image aufbaust und pflegst,
- vor der Klasse sicher auftrittst,
- überhaupt mit und in der Schule besser klarkommst.

Quakos ist immer dabei. Er blickt in die Runde, wie es ihm so schnell keiner nachmacht. Im Nu ist er der Mittelpunkt jeder Runde. Ob in einer Stammtischrunde (so nennt er die Bänke im Klassenzimmer), einer Diskussionsrunde oder einer Tafelrunde (wo er auch schon mal kreidebleich wird), Quakos dreht Runde um Runde mit. Mal ist er quakvergnügt in einer fröhlichen Runde, mal wird es ihm langweilig, da schläft er einfach eine Runde. So kannst du dir jetzt erklären, warum dieses Buch in Runden eingeteilt ist.

Am Ende jeder Runde bietet Quakos dir ein paar Übungen, Merk- oder Vorsätze zur Auswahl an. Der Satz, der dir am rundesten erscheint, mit dem du am meisten anfangen kannst, den solltest du hervorheben. Mit einem lustigen Quakos, den du in das betreffende Kästchen klebst – gewissermaßen als Belohnung, daß du eine Runde weitergekommen bist.

So wünsche ich dir jetzt, daß du gut über die Runden kommst – in und mit diesem Buch.

Zum Abschluß dieser Vorrunde kannst du dir einen besonders schönen Quakos auf der letzten Seite aussuchen und hier verewigen:

Angst vorm Sprechen?

Prominenten-Umfrage

Ilona Christen

1. *Was war Ihnen in der Schule lieber: die schriftliche oder die mündliche Prüfung?*

   Eigentlich die mündliche. Da konnte ich mich hin und wieder mit dem gesprochenen Wort besser erklären. Meine Gedankengänge, die zum Ergebnis führten, wurden dem Lehrer transparenter.

2. *Haben Sie in ihrer Schulzeit gern Gedichte vor der Klasse aufgesagt?*

   Nur wenn auch eine spielbare Handlung darin war. Die Klassiker wie »Glocke« haben mich regelmäßig krank werden lassen.

3. *Ist es Ihnen schon einmal richtig schwergefallen, vor einer Gruppe zu sprechen?*

   Nie. Ich suche mir den Augenkontakt eines Gegenüber. Wenn ich an der Körperhaltung meiner Zuhörerschaft erkenne, daß sie mich ablehnt, weiche ich sie erst mal auf. Mit Kaffee, einer Zigarettenrunde. Oder ich stelle dem Kritischsten unter ihnen eine Frage. Damit vertausche ich kurz die Rollen: Zuhörer – Redner.

4. *Warum zählt das Schriftliche mehr als das Mündliche?*

   Wer schreibt, der bleibt – ein Spruch meiner Oma. Bis heute stimmt er noch. Im Umgang mit der Presse reichts allerdings, *ein Wort zuviel zu sagen*. Lehrer sollten mündliche Arbeiten den schriftlichen in der Bewertung gleichstellen. Nicht jeder kann beides gleich gut.

5. *Sollte Rhetorik als eigenes Unterrichtsfach in den Lehrplan aller Schulen aufgenommen werden?*

   Nein. Mit meiner speziellen Sprecherziehung zur Tauglichkeit für Funk und Fernsehen ist mehr kaputt gegangen, als heil geworden. Eltern und Lehrer müssen den Kindern »Raum für Rede« geben. Mit Sätzen wie: »Rede nur, wenn du gefragt wirst« – »Kinder sollen zuhören, wenn Erwachsene reden«, wird Kommunikation im Ansatz erstickt.

6. *Haben Sie einen Tip für junge Menschen, denen es schwerfällt, in der Schule »den Mund aufzumachen«?*

   Sag, was du zu sagen hast: *laut*, aber schrei nicht. *Schau* den Lehrer dabei an. Laß ihn wissen, daß du was weißt. Wenn er dich unterbricht, bitte ihn darum, aussprechen zu dürfen. Lachen dich deine Klassenkumpels aus, warte bis sie fertig sind. Fang deinen Satz neu an. Bleib bei deiner Meinung. Überzeuge sie durch Beharrlichkeit.

Keine Angst vor Lampenfieber

Lampenfieber?

In einem vertrauten Kreise, wo du dich sicher fühlst, fällt es dir wahrscheinlich nicht schwer, ohne Hemmungen drauflos zu reden. Sollst Du aber vor der Klasse etwas erklären oder aufsagen, spürst du plötzlich tausend Maikäfer in deinem Bauch, jene Nervosität, Angst und innere Angespanntheit unmittelbar vor einer Situation, in der du dich bewähren mußt.

... gehört dazu

Das ist zunächst völlig normal. Etwas Lampenfieber ist sogar sehr nützlich. Es ist auch Ausdruck dafür, daß du deine Sache besonders gut machen willst. Somit hilft ein bißchen Lampenfieber, sich stärker zu konzentrieren. Außerdem wirkst du dann überzeugender, als wenn du mit gespielter Lässigkeit, ganz cool, etwas vorträgst.

Ganz abgesehen davon, merkt niemand dein Lampenfieber oder deine Redeangst so stark wie du selbst. Ja, in den allermeisten Fällen merken die anderen dir überhaupt nichts davon an. Du bildest es dir nur ein, daß alle in der Klasse nichts anderes hören und sehen als deine Aufregung.

... kann aber auch alles verderben

Darum fängst du vielleicht an, beim Reden nervös an deiner Uhr zu spielen, an deinen Klamotten herumzuzupfen, dich am Kopf zu kratzen oder im Gesicht zu reiben – du fühlst dich irgendwie verlegen. Und plötzlich wird dir dein Lampenfieber tatsächlich als Schwäche ausgelegt.

- Das Herz schlägt dir bis zum Halse, du wirst knallrot oder kreideweiß.
- Der Schweiß kommt dir aus allen Poren.
- Du bekommst weiche Knie und zitterst am ganzen Körper.
- Du spürst einen Kloß im Hals und bekommst keinen Ton heraus.
- Du verlierst dauernd den Faden und weißt nicht mehr, was du eigentlich sagen wolltest.
- Du redest viel zu schnell, zu leise oder zu schrill.

Ursachen klären ...

Wenn es dir öfter so ergeht, wenn du Schwierigkeiten hast, vor der Klasse deine Gedanken zu formulieren, mußt du die Ursachen erforschen.

Liegt es daran, daß du nichts oder nicht genug gelernt hast, schlicht und einfach nichts weißt? Dann ist Lampenfieber ja sowieso Energieverschwendung.

Oder fühlst du dich äußerlich unsicher, benachteiligt, anderen unterlegen? Empfindest du dich gar als häßlich und befürchtest, ausgelacht zu werden? Dann kann ich dir mit meiner jahrtausendealten Erfahrung nur sagen: *Interessante Menschen sind nie häßlich!*

... und beseitigen

Ansonsten hat Quakos dir ein paar Tips anzubieten. Suche dir den brauchbarsten aus und klebe einen fröhlich-frechen Frosch davor.

Ich bereite mich gründlich auf ein Thema vor und spreche ein paar Sätze mal frei und auswendig auf Kassette.

Ich bitte einen lieben Menschen, sich vor mich hinzusetzen, so daß ich ihm einen kurzen Vortrag über das gelernte Thema halten kann.

Ich suche mir einen Platz, wo ich ungestört etwas laut aufsagen kann. Ich achte darauf, daß ich ruhig, langsam und betont spreche.

Ganz schön blamiert

Die zweite Runde möchte ich mit ein paar Fragen an dich einläuten:

- Woran liegt es, daß du dich im Unterricht nicht gern meldest?
- Warum scheust du dich, im Unterricht mitzureden?
- Woran liegt es, daß du in aller Regel froh bist, wenn du nicht aufgerufen wirst?
- Woran liegt es, daß du erleichtert bist, wenn du in der Bank sitzenbleiben darfst, während du deine Antwort geben sollst?
- Kannst du es dir erklären, weißt du, woran es bei dir liegt?
- Leidest du auch unter der von Schülerinnen und Schülern häufig genannten Angst vor der Blamage? Hast du schon schlechte Erfahrungen gemacht, von denen in der ersten Runde die Rede war?

Angst vor der Blamage?

Zugegeben, das ist dann ja alles andere als angenehm für dich. Du fühlst dich ganz schön blamiert.

Was heißt das überhaupt: ›Blamage‹? Das Wort kommt aus dem Französischen und heißt wörtlich übersetzt: »Schande, Bloßstellung«. Wenn du dich blamiert fühlst, meinst du damit eine peinliche, bedrückende, manchmal witzige oder gar komische, immer aber eine sehr persönliche Situation. Ursache ist meist, daß du dich nicht normal, d.h. den Erwartungen der Gruppe entsprechend verhältst. Das ist dir dann peinlich. Mit »Schande« hat das in aller Regel nichts zu tun.

Blamage ist eine persönliche Angelegenheit

Laß uns mal gemeinsam versuchen, deiner Angst vor einer Blamage auf die Spur zu kommen, sie genauer zu beschreiben, damit du dieser Angst zu Leibe rücken kannst.

Lies die folgenden Fragen in Ruhe durch und entscheide, ob du mit ›Ja‹ oder ›Nein‹ antworten willst. Kreuze an, was für dich am ehesten zutrifft.

Blamage vorprogrammiert (Test)

1. Ich habe Angst vor dem Sprechen überhaupt.		
2. Ich habe Angst, vor mehreren Menschen zu sprechen.		
3. Ich habe Angst, vor Menschen zu sprechen, die ich gut kenne und mit denen ich auch weiterhin zusammen sein werde (Klasse, Jugendgruppe, Verein).		
4. Ich habe Angst, vor Leuten zu sprechen, von denen mich vielleicht nicht alle mögen.		
5. Ich befürchte, die Erwartungen der Lehrerin, des Lehrers und meiner Klassenkameraden nicht erfüllen zu können.		
6. Ich fühle mich körperlich unwohl, wenn ich angeschaut werde.		
7. Es ist mir unangenehm, in so viele vertraute Gesichter schauen zu müssen.		
8. Ich befürchte, daß meine Mitschüler/innen meine Unsicherheit merken, das ausnützen und sich über mich lustig machen.		
9. Ich habe Angst, ausgelacht zu werden.		
10. Ich habe Angst, daß ich den Stoff, den ich mir erarbeitet habe, nicht im richtigen Moment mit den passenden Worten darlegen kann.		
11. Ich habe Angst, daß ich zu leise spreche oder mir die Stimme versagt.		
12. Ich habe Angst, daß ich Herzklopfen bekomme oder in Schweiß ausbreche.		
13. Am meisten Angst habe ich davor, daß ich rot werde.		

Hast du oft mit ›Ja‹ geantwortet? Dann ist hoffentlich wieder ein heißer Tip von Quakos für dich dabei:

Ich suche in Zukunft mehr Gelegenheiten zum Reden. Durch häufiges Reden gewinne ich an Sicherheit.

Training und Vorbereitung sind natürliche Feinde der Blamage

Ich halte einen Kurzvortrag über das vorbereitete Thema vor dem Spiegel. Das kostet mich zwar einige Überwindung. Aber es macht mich garantiert sicherer, meine Rede-Angst verfliegt.

Wenn ich bei einem kurzen Redebeitrag mal stecken bleibe mache ich mich nicht verrückt, sondern wähle eine dieser drei Lösungen:

- Ich fasse mit anderen Worten zusammen, was ich bisher gesagt habe.
- Ich lege eine kurze Pause ein, atme tief durch und beginne nochmal mit dem letzten Satz.
- Ich sage einfach, daß ich den Faden verloren habe.

Angst vorm Sprechen?

Prominenten-Umfrage

Frank Laufenberg

1. *Was war Ihnen in der Schule lieber: die schriftliche oder die mündliche Prüfung?*

   Die mündliche.

2. *Haben Sie in ihrer Schulzeit gern Gedichte vor der Klasse aufgesagt?*

   Nein, was allerdings damit zu tun hat, daß ich ungern von anderen vorgefertigte Texte vorlese oder aufsage. Aus diesem Grund wäre ich auch ein schlechter Schauspieler.

3. *Ist es Ihnen schon einmal richtig schwergefallen, vor einer Gruppe zu sprechen?*

   Bevor es losgeht, hat man eine Art Lampenfieber. Aber wenn ich auf der Bühne, vor der Kamera, vor dem Mikrofon stehe, macht es mir nichts mehr aus.

4. *Warum zählt das Schriftliche mehr als das Mündliche?*

   Weil das Schriftliche auch nach längeren Zeiträumen noch nachkontrollierbar ist. Wie sagte schon Adenauer: »Was kümmert mich mein Geschwätz von gestern?«

5. *Sollte Rhetorik als eigenes Unterrichtsfach in den Lehrplan aller Schulen aufgenommen werden?*

   Ja, unbedingt.

6. *Haben Sie einen Tip für junge Menschen, denen es schwerfällt, in der Schule »den Mund aufzumachen«?*

   Nein!

Und plötzlich bist du dran

»Anekdoteles«, hat mich neulich der 14jährige Bernd gefragt, »kennst du den Unterschied zwischen einer Minute und einer Schulminute?« Ehe ich antworten konnte, gab er die Antwort selbst: »Eine Schulminute hat 60 Schrecksekunden. Hahaha!«

Weißt du, was Bernd damit gemeint hat? Folgendes hat er mir erzählt: »Ich sitze friedlich da. ›Bernd, wie multipliziert man zwei Brüche?‹ Ganz plötzlich wirst du mit dieser Frage aus deinen Gedanken, der Unterhaltung mit deinem Banknachbarn oder der vertieften Betrachtung einer Fliege an der Wand gerissen. Du schaust auf – erst verwirrt, dann erschrocken. Der Blick des Lehrers und die eintretende Stille lassen dich erkennen: ›Tatsächlich – du bist gemeint‹«.

Unerwartete Ereignisse schaffen Denkblockaden

Ist dir das auch schon passiert? Sogar dann, wenn du damit gerechnet hattest, gleich gefragt zu werden? Plötzlich ist alles wie weggeblasen.

Du kannst mitentscheiden, wann du drankommst

So unnötig solche Denkblockaden im Unterricht sind, sie lassen sich als natürliche Reaktionen nicht vermeiden, wenn du von plötzlichen Aufrufen so überrascht wirst, daß du geradezu erschrickst. Du kannst aber einiges dafür tun, daß es erst gar nicht dazu kommt: Melde dich selbst, dann wirst du nicht (so oft) aufgerufen. Selbst, wenn du nur mittelmäßig bei der Sache bist und nicht sonderlich viel weißt, kannst du in jeder Stunde Fragen hören, auf die auch du eine Antwort findest. Das sind Momente, in denen du sichere Pluspunkte sammeln kannst. Die solltest du dir nicht entgehen lassen.

Das Risiko, unerwartet aufgerufen zu werden, ist nämlich dann am höchsten, wenn sich niemand oder nur wenige melden – bei den schwierigen Fragen also. Lehrer/innen treffen dann die Auswahl oft unter denjenigen, die sich bisher noch nicht gemeldet hatten.

Wenn's trotzdem einschlägt: Schweigen ist nicht immer Gold

Wirst du trotzdem unerwartet aufgerufen, solltest du nicht einfach schweigen. Nichts steigert die Angst mehr, als das Gefühl, immer noch nichts zu einer Frage gesagt zu haben, während der Lehrer wartet. Je länger du überlegst, desto schwieriger wird es auch, einen geeigneten Anfang zu finden.

Fast alles, was mit der Frage zu tun hat, ist im ersten Satz erlaubt:

Erstmal munter drauflos

»Man nimmt den ersten Bruch, der hat einen Zähler, einen Nenner ...«

»Also, man schreibt die beiden Brüche erst einmal hin ...«

»Wenn ich zwei Brüche multiplizieren soll ...«

Wichtig dabei ist, daß sich mit dem Sprechen der ersten Wörter oft schon die Denkblockade löst und du mit jedem Wort wieder Sicherheit und Zugang zu deinem Wissen findest.

Nicht ausgefeilte Reden, Antworten sind gefragt

Selbst wenn du beim Sprechen feststellst, daß dieser Satzanfang schlecht gewählt war: Beginne einfach einen neuen Satz. Das Ziel ist schließlich, überhaupt eine Antwort zu finden und nicht, eine ausgefeilte Rede zu halten.

Wenn dir wirklich keine Antwort einfällt, stehe dazu.

»Tut mir leid, aber das weiß ich nicht.«

»Das fällt mir im Moment einfach nicht ein.«

»Das habe ich immer noch nicht verstanden, es war mir schon gestern unklar.«

Natürlich sind solche Sätze nur die letzte Notbremse. Aber immer noch besser, als stumm vor sich hin zu stieren, oder wie Quakos es formuliert, »blöd aus der Wäsche zu gucken.«

Im übrigen hat er dir heute folgende Zusammenfassung anzubieten:

- Ich melde mich lieber selbst, dann werde ich nicht so oft unverhofft aufgerufen.

- Auf die meisten Fragen ist ein zu langes Schweigen die schlechteste Antwort. Ich fange lieber bald zu sprechen an und vertraue darauf, daß ich den Faden beim Reden wiederfinde.

- Wenn ich wirklich keine Antwort weiß, stehe ich dazu und gebe zu, daß mir im Augenblick nichts Gescheites einfällt.

Wenn's wirklich nicht geht: nicht verzögern

Angst vorm Sprechen?

Prominenten-Umfrage

Dieter Hildebrandt

1. *Was war Ihnen in der Schule lieber: die schriftliche oder die mündliche Prüfung?*

   Die mündliche, denn es gelang mir hie und da, meine Wissenslücken zuzureden.

2. *Haben Sie in ihrer Schulzeit gern Gedichte vor der Klasse aufgesagt?*

   Sehr gern. Es gab mir die Gelegenheit, »mich aufzuführen«.

3. *Ist es Ihnen schon einmal richtig schwergefallen, vor einer Gruppe zu sprechen?*

   Ja, immer bei Grabreden.

4. *Warum zählt das Schriftliche mehr als das Mündliche?*

   Bei mir nicht.

5. *Sollte Rhetorik als eigenes Unterrichtsfach in den Lehrplan aller Schulen aufgenommen werden?*

   Dringend! Rhetorik erleichtert und kultiviert das Zusammenleben.

6. *Haben Sie einen Tip für junge Menschen, denen es schwerfällt, in der Schule »den Mund aufzumachen«?*

   Ja, ganz schnell den Fernsehapparat verschenken, um damit der Einschüchterung durch Perfektion zu entkommen.

Einsam und allein vorne an der Tafel

Hast du auch immer »Muffensausen«, wenn dich der Lehrer nach vorne an die Tafel holt? Daß du abgefragt wirst, ist ja schon Streß genug. Jetzt kommt der »blöde Platz« vor der Tafel noch hinzu. Du stehst voll im Blickfeld, die Unterstützung guter Souffleusen und Souffleure wird schwieriger, der Abstand zum Lehrer verringert sich auf bedrohliche Weise. Wer soll da nicht nervös werden?

An der Tafel abgefragt zu werden, ist keine einfache Situation. Deshalb: gewußt wann!

Solchen Situationen bist du aber nicht hilflos ausgeliefert. Du kannst dich darauf vorbereiten. Wenn du über deinen Notenstand im Bilde bist, kannst du besser einschätzen, ob es dich bei der nächsten Abfragerunde treffen kann. Erkundige dich bei Gelegenheit einmal bei deiner Lehrerin oder bei deinem Lehrer nach dem Stand deiner mündlichen Noten. Wahrscheinlich kannst du aus der Antwort nützliche Hinweise heraushören. Unabhängig davon bist du besser dran, wenn du dich einmal zuviel vorbereitet hast ...

Spickzettel für's Mündliche: das Wichtigste im Griff

Wie wärs mit einem Spickzettel fürs Mündliche? Das wäre erstens eine gute Vorbereitung auf eine mögliche Abfragerunde und zweitens eine gefahrlose Lernhilfe. Bevor du aufgerufen wirst, könntest du deinen Spickzettel offen auf deiner Bank liegen lassen.

Partnertraining mit Rollentausch

Wenn du ziemlich sicher mit einer mündlichen Prüfung rechnen mußt, kannst du dich am besten vorbereiten, indem du diese Situation im voraus durchspielst. Als Sparrings-Partner sind dazu besonders Klassenkameraden geeignet, die ebenfalls für eine Prüfung trainieren müssen. So könnt ihr euch in der Rolle von Prüfer und Prüfling abwechseln und den Stoff aus beiden Perspektiven sehen.

Der beste Ort für diese Vorbereitung wäre natürlich das Klassenzimmer. Aber auch dein Zimmer mit einem großen Blatt Papier an der Tür als Tafel und einem dicken Filzstift als Kreide, ist als Ersatz geeignet. Wichtig ist, daß du trainierst, in ganzen Sätzen zu antworten. Einzelne hingeworfene Stichwörter gehen dir nämlich schnell aus. Mit ganzen Sätzen findest du auch bessere Überleitungen zum Weiterreden.

Sich auf die Umgebung einstellen

Trotzdem, nutze verschiedene Gelegenheiten, dich in deinem Klassenzimmer an den Blick von der Tafel aus zu gewöhnen. Auch Hochleistungssportler gehen oft vor ihrem Wettkampf auf den jeweiligen Sportplatz, um sich mehr und mehr an die Umgebung zu gewöhnen. Vollprofis lassen sich sogar die Geräuschkulisse eines vollen Stadions einspielen.

Das Wichtigste: Ruhe bewahren

Wenn es dann soweit ist, gilt auch hier, wie so oft im Leben: Ruhe bewahren! Wenn du von deiner Bank zur Tafel gehst, atme tief durch und konzentriere dich auf das, was du weißt. Wenn du dazu in Gedanken noch einmal die Stichwörter von deinem Spickzettel durchgehst, gewinnst du genügend Sicherheit.

Wer viel redet, wird weniger gefragt

Wenn die erste Frage kommt, leg los. Erzähle, was du zu diesem Thema weißt. Im Gegensatz zum Schriftlichen gilt hier: Es darf ruhig etwas mehr sein. Solange du nicht vom Thema abweichst, dich nicht dauernd wiederholst oder um den heißen Brei herumredest, bohrt der Prüfer nicht so schnell mit neuen Fragen nach.

Wenn etwas unklar ist: zurückfragen

Wenn du mit einer Frage nicht klar kommst, darfst du natürlich zurückfragen. Versuche, deine Rückfrage mit einer Frage zu verknüpfen:

»Meinen Sie damit, ob die ... und die ... da ... und damit zusammenhängen?«

»Das gehört doch zu ...?«

Selbst, wenn du mit deiner Rückfrage daneben liegst, zeigst du etwas von deinem Wissen und kannst aus der Antwort, die du darauf bekommst, weitere Anhaltspunkte erhalten.

Denke laut! Zeige dem anderen, daß du noch am Ball bist

Wenn du merkst, daß du einer Antwort auf der Spur bist, zögere nicht, laut zu denken. Zum einen gibst du dem Prüfer damit zu verstehen, daß du an der Antwort arbeitest, zum zweiten bleibst du am Ball. Aus längerem Schweigen kann leicht der Eindruck entstehen, daß du gar nichts weißt.

Aber jetzt kommt erst mal Quakos wieder dran:

Das ist mein Tip fürs Mündliche: Was für den Bergsteiger die Haken in der Felswand, das sind für mich die Stichwörter auf meinem Spickzettel.

Das ist mein nächstes Training im Team: An einer Tafel daheim spiele ich mit einem geduldigen, lieben Menschen eine Abfragerunde.

Wenn ich eine Frage nicht genau beantworten kann, frage ich nochmals nach. Oder ich überlege und denke laut dabei, d.h. ich sage, was ich mir gerade überlege. Beim Reden kommt mir dann oft der rettende Gedanke und ich finde einen passenden Anschluß.

Angst vorm Sprechen?

Prominenten-Umfrage

Dieter Thomas Heck

1. *Was war Ihnen in der Schule lieber: die schriftliche oder die mündliche Prüfung?*
   Die schriftliche.

2. *Haben Sie in ihrer Schulzeit gern Gedichte vor der Klasse aufgesagt?*
   Nein!

3. *Ist es Ihnen schon einmal richtig schwergefallen, vor einer Gruppe zu sprechen?*
   In der Schulzeit – ja.

4. *Warum zählt das Schriftliche mehr als das Mündliche?*
   Weil der Prüfer in Ruhe nachlesen kann, ob das, was niedergeschrieben wurde, auch richtig ist; beim mündlichen kann jemand, der rhetorisch geschult ist, über manches hinwegreden.

5. *Sollte Rhetorik als eigenes Unterrichtsfach in den Lehrplan aller Schulen aufgenommen werden?*
   Meines Erachtens ja.

6. *Haben Sie einen Tip für junge Menschen, denen es schwerfällt, in der Schule »den Mund aufzumachen«?*
   Das Wichtigste, um frei zu sprechen ist das richtige Atmen. Ich habe dies während meines Gesangsstudiums gelernt. Außerdem ist es nicht unwichtig, daß das, was man in einem Vortrag unterbringen möchte, vorher schriftlich niedergelegt wird. Man muß von dem Inhalt des eigenen Vortrags voll und ganz überzeugt sein. Eine weitere Hilfe ist sicherlich das Tonband bzw. der Kassettenrecorder. Den eigenen Vortrag vorher auf Band sprechen und ihn sich noch einmal genau anhören. Hier stellt man fest, wo z.B. Pausen den Inhalt wichtiger machen.

Gelegenheiten zum Reden suchen

»Reden ist Silber, Schweigen ist Gold.« Das behaupten vor allem solche gern, die sowieso nicht viel zu sagen haben. Redet allerdings jemand »Blech«, dann ist Schweigen in der Tat pures Gold dagegen.

Es soll aber Leute geben, die grundsätzlich lieber schweigen. Sie bleiben verschlossen wie Panzerschränke – selbst wenn sie völlig leer sind. Hast du hingegen anderen etwas anzubieten, so gib dich aufgeschlossen und du wirst feststellen, daß Reden oft wertvoller ist als Gold und Schweigen.

Frei zu sprechen lernst du, indem du frei sprichst

Suche und nutze möglichst viele Gelegenheiten, frei zu reden und mit anderen ins Gespräch zu kommen. Gerade, wenn es dir schwer fällt, ist es besonders wichtig.

Du wirst nämlich die Erfahrung machen, daß deine Bedenken und Hemmungen von Mal zu Mal abnehmen. Es gibt kein besseres Mittel gegen Sprechhemmungen, als jede passende Gelegenheit zum Vorlesen, Vortragen, Reden, Fragen und Diskutieren am Schopfe zu packen.

Lerne dort zu reden, wo es auf den Erfolg nicht so ankommt

Ruf doch mal eine Person an, die nicht sowieso zu deinen bekannten Quasselstrippen zählt. Einen Klassenkameraden zum Beispiel, mit dem du sonst selten sprichst. Frage ihn nach der Lösung einer bestimmten Hausaufgabe. Du wirst sehen, ich meine hören, wie dein Kamerad überrascht sein wird, daß ausgerechnet du ihn anrufst. Ich wette, daß er nicht auflegt, sondern auf deinen Wunsch eingeht und vielleicht mit dir über etwas ins Plaudern kommt, was mit der Hausaufgabe überhaupt nichts zu tun hat.

Oder suche dir ein paar Firmen, Behörden oder Ämter aus, die du etwas fragen oder um etwas bitten willst. Du könntest z.B. eine Druckerei anrufen und um Restpapier bitten. Wenn du dein Anliegen freundlich vorträgst, könntest du so an kostenloses Notizpapier kommen oder darfst dir vielleicht Pappstreifen abholen, aus denen du Karteikarten schneiden kannst.

Wenn du von der ersten Druckerei eine Absage bekommst, versuche es bei einer zweiten oder dritten. Selbst wenn auch die letzte Druckerei nicht auf deine Bitte eingehen sollte, hast du trotzdem gewonnen: Nützliche Erfahrungen und eine weitere Portion Sicherheit.

Wenn's dann klappt, ist der Erfolg oft doppelt

Du suchst einen Ferienjob oder möchtest als Aupair-Mädchen ins Ausland, du »bettelst« Werbegeschenke und kleine Preise für eine Tombola zusammen, die ihr beim nächsten Schulfest veranstalten wollt, du versuchst für deine Klasse oder eine Gruppe einen Besichtigungstermin bei eurem Lokalradio zu bekommen oder du bemühst dich, eine Clique zusammenzutrommeln, für die du beim nächsten Filmbesuch eine Gruppenermäßigung an der Kinokasse aushandeln willst – telefoniere dich mal tapfer durch!

Wenn dir so etwas für den Anfang noch eine Nummer zu groß ist, starte einfach etwas bescheidener. Du kannst eine Fahrplanauskunft anrufen und dir eine komplizierte Verbindung im Nahverkehr durchgeben lassen. Stelle ruhig Rückfragen nach einer günstigeren Verbindung. Oder erkundige dich, was du alles beachten mußt, wenn du diese Fahrt als Klassenausflug organisieren sollst.

Eine andere Möglichkeit, Sprechhemmungen abzubauen, ist das Vorlesen. Sei es bei einer Feier im Verein, bei einer Versammlung oder in der Kirche, suche Gelegenheiten, wo du etwas vorlesen kannst.

Frage bei einer Theatergruppe, einem Puppen- oder Marionettentheater nach, ob du mitmachen darfst. Fast alle Gruppen suchen Mitspieler/innen. Hier kannst du sogar in einer Nebenrolle glänzen.

So gesehen ist Reden Gold.

Oder wie sieht Freund Quakos das?

Die Telefonidee finde ich spitze. Ich überlege mir, wen ich noch heute anrufen kann – auf jeden Fall eine Person, die nicht mit meinem Anruf rechnet.

Ich habe eine Frage, eine Bitte oder einen kleinen Wunsch. Ich lasse mich in einer Behörde, einer Firma oder Auskunftsstelle mit der Person verbinden, der ich mein Anliegen vortragen kann. Sobald ich weiß, was ich will, suche ich mir die entsprechenden Telefonnummern heraus.

Ich melde mich beim Pfarrer zum Vorlesen in der Kirche oder bei einer Theatergruppe zum Mitspielen.

Ohne Telefon und ohne Mikrofon

Damit keine Mißverständnisse entstehen: Ich will jetzt nicht darüber klagen, daß wir seinerzeit ohne diese Segnungen der Technik auskommen mußten. Nein, mir geht es heute schlicht und einfach um ganz alltägliche Gespräche zwischen mehreren Personen in der Klasse, in der Clique oder im Freundeskreis. Gespräche in der Schule, auf dem Schulweg, daheim, auf einer Freizeit, im Jugendtreff, im Schwimmbad, einfach überall, wo mehrere Leute zusammenkommen und über irgend etwas reden.

Wenn man dich öfters nicht mitreden läßt, ...

Kommt es häufig vor, daß du oft mittendrin stehst und trotzdem irgendwie daneben liegst, daß das Gespräch an dir vorbei geht?. Man scheint sich nicht mehr für deine Beiträge zu interessieren. Wenn du etwas sagst, versteht keiner so richtig, was du meinst. Du wirst still und stiller, es macht dir keinen Spaß mehr mitzureden. Und eine Wut auf den einen oder anderen kriegst du vielleicht auch noch. Irgendwer führt ja anscheinend immer das große Wort.

Was läuft hier immer wieder falsch, was sind die typischen Fehler?

... liegt das nicht nur an den anderen

Es ist ganz aufschlußreich, ein Gespräch mit einem Fußballspiel zu vergleichen. Hier kommt es auch auf das Zusammenspiel der Mannschaft an. Spielzüge müssen erkannt und umgesetzt werden. Das erfordert Ballbeherrschung und spielerische Kreativität. Natürlich gibt es hier stärkere und schwächere Spieler, Stars und »Krücken«. So sehr sich einzelne auch profilieren, entscheidend bleibt, daß die Mannschaft als Ganzes zusammenspielt. Wenn alle Anteil am Spiel haben und ihr Bestes geben, dann ist es auch nicht so wichtig, wer letztendlich das Tor schießt. Ein gutes Mannschaftsgefühl, von allen gern angespielt zu werden, den Ball sicher aufzunehmen und gern wieder abzugeben, Spielzüge mitzugestalten und anerkannt zu sein, all das macht die Spielfreude aus und bringt den Erfolg – unabhängig, wieviel Tore fallen.

Jedes Gespräch hat Spielregeln

Ganz ähnlich verhält es sich bei einem Gespräch. Auch hier spielt sich die Teilnehmerrunde Bälle gegenseitig zu, nimmt etwas auf und entwickelt es weiter. Böse Zungen nennen das manchmal »seinen Senf dazugeben«. So wie es Spielführer gibt, treten auch Wortführer in Erscheinung. So weit – so gut. Blöd wird es nur, wenn du den Ball nie bekommst, ihn nicht richtig annehmen kannst, beim Rennen nicht mitkommst oder den Ball irgendwo hinhaust. Egal, ob aus Absicht oder Unvermögen. Wer so spielt, darf sich nicht wundern, daß die anderen ihn übergehen und links liegenlassen.

Weil ich annehme, daß du mich als Fußballtrainer nicht ganz ernst nehmen würdest, bringe ich mich lieber als Gesprächstrainer ins Spiel. Das sind meine Faustregeln:

Gleich am Anfang entscheidet sich, wer mitredet

1. *Rede mit und faß dich kurz*
Beteilige dich möglichst frühzeitig an einem Gespräch. Je später du einsteigst, desto schwerer fällt es dir. Wenn du taktvoll in das Gespräch eingreifst, akzeptieren dich die anderen als aktiven Gesprächspartner. Deshalb rede oft genug mit, aber faß dich kurz. Wer zu lange redet, gilt bald als großer Schwätzer.

Auch deine Meinung zählt

2. *Vertrete deine eigene Meinung*
Wenn du merkst, daß du nicht richtig verstanden wurdest, nimm einen zweiten Anlauf. Vielleicht hast du dich zu umständlich ausgedrückt. Vertrete deine eigene Meinung auch dann, wenn andere dir widersprechen. Laß dich überzeugen, schließe dich aber nicht allzuschnell der gerade herrschenden Meinung an. Solange du von etwas überzeugt bist, solltest du es auch vertreten.

Nur ein verständlicher Beitrag ist auch für die anderen interessant

3. *Sprich laut und deutlich*
Ist das ein Tip mit Bart? Hast du das in der Schule schon oft gehört? Wer sich etwas in den Bart murmelt, auch wenn er gar keinen hat, wer schnell und hektisch drauflos schnattert und kaum Luft zwischen den Sätzen holt, darf sich nicht wundern, daß die anderen ihn nur schlecht verstehen. Wenn du oft gefragt wirst: »Wie bitte!?«, solltest du nicht sauer darauf reagieren, sondern dich lieber stillschweigend (!) entschließen, ein richtiges Sprechtraining in Angriff zu nehmen. Es kann genauso viel Spaß machen wie Jogging. Warte mal, bis wir ein paar Runden weiter sind. Dann komme ich ausführlicher darauf zu sprechen.

④ *Zeige, daß du im Bilde bist*

Schau und höre dich in deiner Umgebung um, was es an Neuigkeiten gibt. Schau dir aktuelle Fernsehsendungen an, blättere neugierig in Zeitschriften und Zeitungen und pick dir etwas Spannendes, Trauriges oder Lustiges heraus. Wo du gehst und stehst, sitzt oder liegst, kannst du immer jede Menge Stoff für eine gute Unterhaltung finden. Wer von nichts eine Ahnung hat, nie im Bilde ist, was gerade abläuft, wird auch nicht richtig ernst genommen.

Wer nicht weiß, was gerade ›in‹ ist, ist schnell ›out‹

⑤ *Führe ein Gespräch*

Ein Gespräch führen heißt auch, das Gespräch zu führen, zu lenken. Das beginnt damit, daß du diejenigen mit denen du sprichst anschaust. Das ist besonders wichtig, wenn du zuhörst. Damit zeigst du, daß du deinen Gesprächspartner wichtig nimmst. Dabei brauchst du ihm ja nicht gleich so tief in die Augen schauen, als wolltest du ihn im nächsten Augenblick küssen. Wenn ich das so sage, zeigt das aber, daß ein guter Blickkontakt etwas Schönes ist. Jede Sympathiekundgebung geht erst einmal durchs Auge.

Blickkontakt halten

Ein Gespräch führen heißt manchmal auch nichts anderes, als aktiv zuhören. Wiederhole mal das, was dein Gesprächspartnerin, dein Gesprächspartner gesagt hat. Du kannst z.B. fragen: »Habe ich dich richtig verstanden, daß du das... und das... gesagt hast?« Wenn du das von Zeit zu Zeit schaffst, wirst du von deinen Freunden und Bekannten bald als der begehrteste Gesprächspartner oder die charmanteste Gesprächspartnerin angesehen.

Aktiv zuhören

Wenn du bei deinem nächsten Gespräch diese fünf Punkte beachtest, ist dir der Erfolg sicher. Du kannst ihn sozusagen an fünf Fingern abzählen. Ich glaube, deshalb habe ich sie auch Faustregeln genannt.

Nur Quakos, der arme Kerl, muß mit drei »Fingern« auskommen. Wie du siehst, weiß er sich aber zu helfen. In welchem Punkt stimmst du ihm dieses Mal am liebsten zu?

Ich achte demnächst öfter darauf, meine Gesprächspartnerinnen und -partner beim Reden und Zuhören anzuschauen.

Ich informiere mich, so gut ich kann. Dann habe ich auch immer genügend Gesprächsstoff. Zumindest kann ich andere nach ihrer Meinung dazu fragen.

Bei nächster Gelegenheit will ich mich von Anfang an aktiv an einem Gespräch beteiligen. Ich will meine eigene Meinung auch dann vertreten, wenn ich damit alleine dastehe.

Von Schwätzern und Zauderern

Einseitigkeit wird zum Problem

Vor einiger Zeit mußte ich in einer Schule einen Vortrag halten über »Typen«, die im Unterricht oder in einer Gesprächsrunde auffallen. Die entweder durch Schweigen eine Diskussion lähmen oder durch Geschwätzigkeit stören.

Kaum hatte ich mein Thema genannt: »Von Schwätzern und Zauderern«, äffte mich auch schon einer der »Typen« nach: »Von Schätzen und Zauberern, Hokus Pokus, Anekdotibus!« Er fand seinen Witz so supertoll, daß er sich halbtot lachte und beifallheischend in die Runde blickte. Und tatsächlich lachten einige kräftig mit. Ich glaube aber weniger über das, was er gesagt hat, sondern mehr darüber, wie er es gesagt hat – oder besser, wie er mich nachgemacht hat.

Ich fand das nicht sonderlich geistreich. Trotzdem muß ich sagen, jeder kann von jedem etwas lernen. Ich darf nur nicht meinen, daß mein Typ als der einzig wahre Sprechertyp in Frage kommt.

Was für ein Sprechertyp bin ich?

Welche Beschreibung trifft auf dich wohl am besten zu? Was für ein Sprechertyp bist du?

Der Schwätzer

1 Ich rede gern drauflos, ohne vorher lang zu überlegen; ich erzähle gern im Plauderton, kann nicht intensiv bei einem Thema bleiben, komme z.B. von »Aids« auf »Gummibärchen«, ziehe ein Gespräch gerne ins Lächerliche. Ich falle anderen häufig ins Wort, lasse sie nicht ausreden und verpasse keine Gelegenheit, das Gespräch an mich zu reißen. Wenn ein anderer etwas von seiner letzten Reise nach Pisa erzählen will, muß ich sofort erwähnen, daß ich zu den letzten Glückspilzen gehöre, die den Schiefen Turm noch besteigen durften.

Wenn vieles davon auf dich zutreffen sollte, mußt du dich wahrscheinlich zu den *Schwätzer-Typen* zählen.

Vom Schwätzer können wir aber auch einiges lernen: Wie man schnell Kontakt findet und unbefangen ins Gespräch kommt, wie man auch ernste Dinge leicht und heiter sehen und fast bei jedem Thema mitreden kann.

Der Oberflächliche

(2) Ich reiße jedes Thema nur kurz an, gehe Problemen nicht gern auf den Grund; das ist mir zu kompliziert und außerdem ziemlich langweilig. Ich stelle gern Behauptungen auf, auch wenn ich sie nicht begründen kann. Es fällt mir schwer, auf andere Gesprächsbeiträge einzugehen. Im übrigen bin ich oft der Überzeugung, daß nur meine Beiträge gut und brauchbar sind. Ich höre anderen nicht gerne zu und äußere meine Meinung frisch drauflos, ob sie jetzt dahinpaßt oder nicht.
Das sind Merkmale eines Typs, den man als den *Oberflächlichen* bezeichnet.
Von diesem Typen können besonders diejenigen etwas lernen, die sofort alles tragisch nehmen, sich über alle möglichen Probleme ernsthaft den Kopf zerbrechen und persönliche Enttäuschungen nicht so leicht wegstecken.

Der Selbstherrliche

(3) Ich weiß, daß ich brillant reden kann. Ich bringe meine Gedanken mit Köpfchen auf den Punkt, auf den es ankommt und finde fast immer eine treffende Erklärung. Ich glaube, daß ich ziemlich schlagfertig bin. Mit besonderen Hemmungen beim Reden habe ich nicht zu kämpfen. Viele behaupten allerdings, ich wäre arrogant.
Zum Teil trifft das auf einen solchen *Selbstherrlichen* auch zu.
Lernen kannst du von diesem Sprechertyp, selbstbewußter aufzutreten, Gedanken anderer aufzugreifen und besser zu formulieren. Du siehst, wie man sich selber besser darstellt und von anderen dafür bewundert wird.

Der Starrkopf

(4) Ich bin nicht bereit, mich berichtigen zu lassen oder einzusehen, daß ich mich geirrt habe. Ich verteidige meine eigene Meinung auf Biegen und Brechen. Wem das nicht paßt, der braucht ja nicht mit mir zu reden.
Da kann man halt nichts machen. Sonst wäre so ein Typ ja auch kein *Starrkopf*.
Sogar von einem Starrkopf können wir etwas lernen: Manchmal wäre es von Vorteil, ein bißchen sturer zu sein. Seine Meinung unbeirrt kund zu tun und wie ein Fels in einer Brandung zu stehen, ist oft genug bewundernswert. Komme, was da wolle.

5 Ich habe Schwierigkeiten in der Formulierung meiner Gedanken oder ich bin um größtmögliche Perfektion bemüht. Ich schweige lieber, weil ich ein gründlicher Denker bin und keine banale Schwätzerei mag. Oft genug weiß ich aber auch zu einem Thema nichts zu sagen. Ich bin unsicher und habe Angst, mich zu blamieren. So werde ich in meiner Umgebung häufig unterschätzt.
Das ist ein ganz besonderer Sprechertyp, der *Schweigsame*.
Und das kannst du von einem Schweigsamen abgucken: Nicht um jeden Preis mitreden, nur um auch etwas gesagt zu haben.

Der Schweigsame

Ganz gleich, zu welchem Sprechertyp du dich nun zählst, du kannst dich auf jeden Fall noch steigern und verbessern. Am besten dadurch, daß du auf die anderen Sprecher-Typen schaust. Vor allem auf solche die du gar nicht magst, die dir sogar ziemlich »auf den Keks gehen«. Lies gerade bei diesen nochmals nach, was du von ihnen lernen kannst.

Von jedem etwas – nach Bedarf – einsetzen

Und so sieht Quakos die Geschichte:

Wenn ich weiß, was für ein Sprechertyp ich bin, überlege ich, wie ich meine Schwachstellen verbessern kann.

Ich interessiere mich besonders für den Sprechertyp, der mich am meisten nervt. Ich schaue nach, was ich von diesem lernen kann.

Typ hin, Typ her – ich rede gern wie mir der Schnabel gewachsen ist. Und fällt mir nichts Gescheites ein, dann halte ich die Klappe.

Angst vorm Sprechen?

Prominenten-Umfrage

Elmar Hörig

1. *Was war Ihnen in der Schule lieber: die schriftliche oder die mündliche Prüfung?*
   Mündlich – französisch mündlich find'ich am besten.

2. *Haben Sie in ihrer Schulzeit gern Gedichte vor der Klasse aufgesagt?*
   Ja – vor allem die von Paul Klee.

3. *Ist es Ihnen schon einmal richtig schwergefallen, vor einer Gruppe zu sprechen?*
   Ja – als ich vor einer Gruppe von Motorradrockern stand und gesagt habe: »Na ihr Tunten, schwingt ihr euch wieder auf eure Mofas!«

4. *Warum zählt das Schriftliche mehr als das Mündliche?*
   Wahrscheinlich weil die Frau unseres Kultusministers keine Flöte spielt.

5. *Sollte Rhetorik als eigenes Unterrichtsfach in den Lehrplan aller Schulen aufgenommen werden?*
   Tut mir leid – kenn den Herren nicht.

6. *Haben Sie einen Tip für junge Menschen, denen es schwerfällt, in der Schule »den Mund aufzumachen«?*
   Ja! Mach endlich das Maul auf, du kleiner Legastheniker!

Worauf gute Redner achten

Wer damals, zu meiner Jugendzeit, etwas werden wollte, mußte Rhetorik studieren. Wer die Redekunst nicht beherrschte, hatte keine große Chance. Ja, Rhetorik galt als vornehmste Disziplin eines Studiums überhaupt. Deshalb waren unsere Philosophenschulen, die so etwas wie kleine Universitäten waren, gleichzeitig Rednerschulen. Wer die Redekunst beherrschte, fand großes Ansehen und erreichte die höchsten Posten und Staatsämter. Wenn ich mich heute so umsehe, hat sich daran nicht viel geändert.

Damals wie heute: Gute Redner haben das Wort

Möchtest du deshalb ein paar gute alte Regeln für einen guten Redner kennenlernen? Bitte sehr. So hörte sich das damals an: »Willst du, O Rhetor, mit deiner Rede vor Menschen bestehen, so wolle, daß die Götter ihr Ohr dir neigen – und willst du lorbeerbekränzet Anklang finden, so schludere nicht bei der Vorbereitung!« So geht es in schöner antiker Umgangssprache weiter. Damit du jetzt nicht schnell weiterblätterst, will ich ein paar Regeln »übersetzen«. Dabei habe ich noch eine Bitte an dich, wenn du ein Mädchen oder eine junge Frau bist. Setze überall, wo ein »Er« steht für dich ein »Sie« ein. Rednerinnen waren damals noch nicht vorgesehen. Da hatten nur die Männer das Sagen. Bei Zeus, in dem Punkt seid ihr heute ein bißchen weiter. Aber in den folgenden Punkten, den Göttern sei Dank, hat sich bis heute nichts geändert:

Vorbereitung schafft Sicherheit

1. Der gute Redner ist gut vorbereitet. Das beruhigt. Er weiß, daß es dadurch keine Katastrophe geben wird.

2. Der gute Redner entspannt sich körperlich. Er lockert vorher seine Muskeln, damit er sich bei der Rede nicht verkrampft.

Gelassenheit schafft Anerkennung

3. Der gute Redner beherrscht eine gute Atemtechnik.

4. Der gute Redner tritt vor die Versammlung und beginnt nicht gleich zu reden. Denn jetzt nimmt seine Aufregung nochmals stark zu. Deshalb

wartet er ein wenig und schaut seine Zuhörer ruhig an. So gewinnt er ihr Wohlwollen.

5. Der gute Redner spricht klar und deutlich, er brüllt nicht und er nuschelt nicht, er spricht nicht zu schnell und nicht zu langsam.

Ein guter Aufbau erhöht die Verständlichkeit

6. Der gute Redner gliedert seine Rede:
   – er legt seinen Standpunkt dar,
   – er zeigt neue Möglichkeiten und Vorschläge, die er begründet,
   – er nimmt mögliche Einwände vorweg,
   – er faßt am Ende das Wichtigste zusammen und
   – er feuert an und ruft zur Tat.

»Ich will ja keine Rede halten!« wirst du jetzt vermutlich denken und nicht viel von diesen Regeln halten. Ich frag dich aber: Gibt es nicht immer wieder Situationen im Klassenzimmer, wo du eine längere Antwort geben sollst oder einen mündlichen Beitrag liefern mußt, der fast so etwas wie eine kleine Rede ist? Gute Redner/innen sind gefragt. Das gilt überall, wo geredet und gesprochen wird. Klingt das einleuchtend? Dann will ich in den nächsten Runden gern ein paar dieser Regeln näher beleuchten.

Meinem Freund Quakos geistern diese Gedanken durch den Kopf:

Meine Sprech- und Redetechnik ist noch nicht so toll. Wenn ich weiß, daß ich das verbessern kann, bin ich bereit, auch Übungen mitzumachen, die mir ziemlich komisch vorkommen.

Wenn gutes Reden schon seit Jahrtausenden als Kunst gilt, ist es ja kein Wunder, daß ich es noch nicht perfekt beherrsche. Mal sehen, was ich tun kann.

Ich gehe den Dingen auf den Grund. Es interessiert mich, was man unter »Redekunst« versteht. Was sagt mein »schlaues Lexikon« dazu? Ich schlage dort mal nach.

Auf die Betonung kommt es an

Ich habe vier Wörter. Wieviel Sätze kann ich daraus bilden? Ach so, du willst erst wissen, welche Wörter das sind? Na gut, hier sind sie:

Du kannst jetzt üben.

Was schätzt du, wieviel Sätze das ergibt? Zwei, drei, zehn, zwölf – oder nur einen?

Wenn ich dir sage »Zwölf!« hältst du mich für bescheuert, nicht wahr? Ich sage aber »Zwölf!« Gut, ich gebe zu, die Sätze sind sehr ähnlich. Aber trotzdem sage ich mit jedem Satz etwas anderes. Lies nochmals, wie ich diese 9. Runde nenne.

Damit du mir glaubst, was wir mit vier Wörtern alles sagen können, dreht sich die ganze 9. Runde nur um diese vier Wörter:

Du kannst jetzt üben.

Das ist ein klarer Satz. Aber bist du sicher, was ich damit meine?

Schon in der Betonung liegt eine Aussage

Du kannst jetzt üben. (*Du allein*! Die anderen sollen, dürfen oder können es nicht.)

Du *kannst* jetzt üben. (Wenn du nicht willst, mußt du es nicht. Aber du darfst, du *kannst*, bitte sehr!)

Du kannst *jetzt* üben. (Das ist der beste Augenblick, fang *jetzt* an!)

Du kannst jetzt *üben*. (Es ist kein Test, es geht nicht um die Wurst, im Moment darfst, sollst oder kannst du *üben*)

Eine Frage – vier Antworten

Meinst du, daß ich jetzt mit meiner Redekunst am Ende bin? Von wegen. Jetzt fange ich erst richtig an. Ich stelle die beiden ersten Wörter um und betone den Satz als Frage. Wenn du den Unterschied richtig erleben willst, lies die Sätzchen laut und betone das unterstrichene Wort besonders kräftig:

Kannst du jetzt üben? (Bist du in der Lage dazu?)

Kannst *du* jetzt üben? (Gehst du jetzt für mich ans Klavier? Ich habe noch etwas anderes zu tun.)

Kannst du *jetzt* üben? (Fängst du erst nachher damit an? Wenn dein Vater vom Zahnarzt kommt, ist alles zu spät.)

Kannst du jetzt *üben*? (Oder ist das Klavier immer noch abgeschlossen?)

Hab acht, Hab acht, ich bin noch nicht am Ende. Ich stelle die vier Wörter noch einmal um:

Jedes Wort hat seinen Platz im Satz

Jetzt kannst du üben.

Jetzt kannst du üben. (So, ich habe alle Fenster und Türen geschlossen, jetzt kannst du loslegen.)

Jetzt *kannst* du üben. (Auf einmal geht es. Vorhin hast du gesagt, dein Finger sei verstaucht, du könntest nicht.)

Jetzt kannst *du* üben. (Ich räume das Feld, das Klavier gehört dir.)

Jetzt kannst du *üben*. (Na bitte, fang doch ruhig an. Du mußt mir nicht in der Küche helfen.)

Na, habe ich die Wette gewonnen? Soll ich noch eins draufsetzen? Das tue ich nur, wenn du den nächsten Satz ganz laut liest. Abgemacht? Gut! Bitte sehr:

Kannst du jetzt üüüben! (Sagenhaft wie du übst, mit welcher Ausdauer du das jetzt immer wieder probierst.)

Merkst du, mit welchen einfachen Mitteln unsere Sprache viel lebendiger wird? Und wie sehr es auf die Betonung ankommt, wenn andere richtig verstehen sollen, was ich wirklich meine?

Da staunt sogar mein Freund Quakos nicht schlecht:

Das glaubt mir kein Mensch, daß ich aus vier Wörtern zwölf oder dreizehn Sätze bilden kann. Mit *der* Betonung gewinne ich jede Wette.

Ich suche mir noch andere Beispielsätze, mit denen ich ein so tolles Betonungstraining machen kann.

Die Sätze mische ich jetzt kunterbunt und betone die Wörter abwechselnd so langsam, laut und deutlich, als ginge es um eine Aufnahmeprüfung für die Schauspielschule.

Angst vorm Sprechen?

Prominenten-Umfrage

Elke Heidenreich

1. *Was war Ihnen in der Schule lieber: die schriftliche oder die mündliche Prüfung?*

   Mir waren Prüfungen in der Schule überhaupt nicht lieb, aber wenn schon, dann lieber schriftlich – man hatte mehr Ruhe zu denken und zu formulieren.

2. *Haben Sie in ihrer Schulzeit gern Gedichte vor der Klasse aufgesagt?*

   Nein, gern nicht, aber ich hatte auch kein großes Problem damit. Ein Gedicht liest sich schöner im Stillen als daß man es aufsagt, zumal in jeder Klasse die Mehrheit Gedichte nicht versteht und blöd herumkichert.

3. *Ist es Ihnen schon einmal richtig schwergefallen, vor einer Gruppe zu sprechen?*

   Nein.

4. *Warum zählt das Schriftliche mehr als das Mündliche?*

   Weil man sorgfältiger formulieren kann und Gedanken besser entwickeln. Man kann ruhiger nachdenken und es redet nicht dauernd jemand dazwischen.

5. *Sollte Rhetorik als eigenes Unterrichtsfach in den Lehrplan aller Schulen aufgenommen werden?*

   Weiß nicht. Ich habe das Fach an der Uni studiert und fand es einen gigantischen Unfug. Reden lernt man, indem man sich traut und immer wieder traut, bei Diskussionen, unter Freunden, immer wieder. Und ohne falschen Respekt vor vermutlichen Obrigkeiten.

6. *Haben Sie einen Tip für junge Menschen, denen es schwerfällt, in der Schule »den Mund aufzumachen«?*

   Üben. Sich trauen. Sich nicht bluffen lassen von Wichtigtuern und Amtsträgern. Jeder hat das Recht, seine Meinung zu sagen, man muß sich nur trauen, sich nicht klein und unwichtig fühlen. Wir sehen, wieviel Luftblasen aus den Mündern von Politikern kommen. Nicht beeindrucken lassen von Titeln und Ämtern. Gründlich denken und mutig reden und sich Unterbrechungen und hochnäsige Abfuhren tapfer verbitten. Aber was sage ich in einem Land, das seine Würdenträger hofiert und Kinder und Alte wie Deppen behandelt, denen zuzuhören sich nicht lohnt!

Lautmalerei mit Versen und Gedichten

Auch wenn du jetzt die Nase rümpfst, ich sag es trotzdem: Gedichte sind was Herrliches! Ich kenne keine anderen Texte, die ich so schön betonen könnte wie ein Gedicht.

Betonung üben mit Schiller und Goethe

Besonders gern übe ich mit einem möglichst romantischen »Schmachtfetzen« oder mit Blödel-Gedichten. Da kann ich so richtig aus mir herausgehen: Erst langsam und leise, dann schneller und lauter – Pause – und auf zum nächsten Vers. Das nenne ich Lautmalerei.

Machst du mal mit? Trägst du das folgende Blödel-Gedicht von Henry Ullrich Morribusch vor? Aber bitte mit wunderbar übertriebener Betonung.

Des Vaters Unterhose

Auf der Leine im Windgetose,
hing des Vaters Unterhose,
gar lustig schwangen ihre Beine,
auf der langen Wäscheleine.

Es sah so aus, als spielte der Wind,
denn es baumelten sehr geschwind,
die Beine hin und wieder her,
dieses Spiel gefiel ihm sehr.

Von oben blies er kräftig rein
schaukelte sich am rechten Bein,
hüpfte zum linken, gar nicht dumm,
das schwang sich um die Leine rum.

Nun machte er einen besondren Witz,
und blies genau in den Hosenschlitz,
das Hinterteil war auch sehr froh,
es wackelte hübsch, auch ohne Po.
Der Wind war müd vom Hosenspiel,
sie hing am Seil ganz schlaff und still,
nicht ohne Sinn war Spiel und Spaß,
getrocknet war sie, die einst naß.

Eine gute Geschichte kann man fühlen

Als ich dieses Gedicht entdeckte, fand ich es natürlich auch nicht sehr geistreich. Dafür fällt es umso leichter, Zeile für Zeile kräftig zu betonen, jede wieder anders. Wer dir zuhört, muß den Wind hören und das lustige Wippen und Schwingen der Hose sehen. Nach der Zeile mit dem »besondren Witz« läßt du eine Pause, machst es spannend, weckst die Neugier. In der nächsten Zeile »und blies genau« verrätst du die Lösung auch noch nicht. Nach »genau« und nach »in den« kannst du nochmals kurz anhalten.

Wenn du dieses Gedicht regelrecht aufführst, wirst du erleben, daß es nicht »in die Hose geht«. Zumindest nicht als Sprechübung. Ganz abgesehen davon, werden deine Zuhörer das toll finden, was du bereits für übertrieben hältst. Oft genug führt der Weg zur Natürlichkeit über den Umweg der Übertreibung.

Deine Stimme ist ein Instrument mit vielen Registern

Deine Stimme ist das Instrument, mit dem du Zuhörer für dich gewinnen kannst. Denn in der Stimme liegt die Stimmung. Eine frische, lebendige Stimme weckt Aufmerksamkeit und gibt dir mehr Sicherheit – auch für das, was du sagst.

Natürlich kannst du dir deine Stimme nicht aussuchen, du kannst aber einiges zur Stimmpflege tun. Wenn du zweimal pro Woche zehn Minuten laut liest, wirst du bereits nach vier Wochen Verbesserungen feststellen. Auf jeden Fall wirst du dann dynamischer sprechen.

Die richtige Sprache am richtigen Ort

Außerdem trainierst du dich beim lauten Vorlesen im Hochdeutsch-Sprechen. Nichts gegen deine Mundart. Im Gegenteil. Wer Dialekt spricht, wirkt echt und glaubwürdig. Es gibt aber Situationen, da mußt du beweisen, daß du auch Hochdeutsch sprechen kannst. Wenn du das nicht willst, läufst du Gefahr, daß verschiedene Leute dich nicht verstehen oder schlimmer noch, dich nicht richtig ernst nehmen.

... und es kommt doch auf jede Silbe an

Und schließlich trainierst du beim lauten Vorlesen deine Aussprache. Wenn du Schwierigkeiten damit hast, wenn du in der Schule öfter zu hören bekommst, daß du zu schnell sprichst und ganze Silben verschluckst, solltest du beim Vorlesen besonders darauf achten. Sprich die Endsilben übertrieben deutlich aus. Das heißt nicht, daß du die Endsilben betonen sollst. Die Betonung mehrsilbiger Wörter liegt häufig auf der vorletzten Silbe. Gerade deshalb ist die letzt Silbe in Gefahr, »zugeschüttet«, verschluckt zu werden.

Bitte einen Zuhörer, bei deinem Vorlesen besonders kritisch auf diesen Punkt zu achten. Ein Ja-Sager, der dir nur nach dem Munde redet, der sich nicht traut, dich auf solche Mängel hinzuweisen, ist für ein solches Training kein geeigneter Partner.

Wenn du lieber für dich allein trainierst, bleibt dir zur Selbstkontrolle immer noch der Kassettenrecorder.

Hast du beim lauten Lesen das Gefühl, daß dir gleich jemand aus dem Nachbarzimmer Beifall klatscht, versuche es mal an einem ganz anderen Ort. Vielleicht findest du einen Raum, wo du die Musik sehr laut aufdrehen darfst. Nun sprich, ohne zu schreien, gegen diese Lautstärke an. Oder gibt es bei dir irgendwo in der Nähe einen ordentlichen Wasserfall? Das wäre ein phantastischer Platz, wo du deine Stimme gewaltig trainieren könntest. Du mußt nur aufpassen, daß du dich nicht von dem Wasserfall »anstecken« läßt und hinterher genauso redest ...

Wenn du dort auch keiner Menschenseele begegnen wirst, einer hüpft dir ganz bestimmt über den Weg: Quakos höchstpersönlich. Ob du dann wenigstens einer seiner Bemerkungen zustimmen kannst? Dann kleb' ihn ein.

Ich kann meine eigene Sprache verbessern, meine Stimme pflegen, wenn ich Gedichte vorlese oder vortrage. Beim Üben darf ich gut und gerne übertreiben.

Ich achte in nächster Zeit stärker darauf, Anfangs- und Endsilben nicht zu verschlucken. Vielleicht finde ich jemanden, der mich hin und wieder kritisch kontrolliert.

Von heute an will ich zweimal pro Woche für zehn Minuten laut lesen.

Und plötzlich hast du den Faden verloren

Ich stehe hier und muß gähnen – in einem fort. Du auch? Wenn nicht, lies diese Zeile ganz langsam vor:

Ich muß gähnen – gähnen – gähnen ...

Es gibt kaum etwas Ansteckenderes als Gähnen.

Genauso ansteckend ist müdes Sprechen. Wer einem monotonen, faden Sprecher zuhören muß, schläft bald ein.

Vorlesen allein reicht nicht

Das gleiche passiert, wenn jemand zu schnell spricht. Wenn du zum Beispiel dein Referat nur so herunterratterst, können deine Klassenkameraden dir überhaupt nicht so schnell folgen. Sie verlieren den Faden und schalten ab. Und du meinst irrtümlicherweise, du brauchtest dein Referat nur vorzulesen, um den Inhalt mitzuteilen. Du bemühst dich, richtig und fehlerfrei vorzulesen. Und dabei rutschst du von einem Fehler in den anderen.

Die Zuhörer brauchen Zeit zum Mitdenken

Du hast keinen Kontakt zur Klasse, du atmest falsch, du betonst kaum etwas, setzt keine Akzente, machst kaum Pausen und sprichst viel zu schnell.

Kein Wunder, daß sich die Hörer in kürzester Zeit überfordert fühlen, das Gehörte gedanklich nicht verarbeiten können und einfach abschalten. Würdest du hingegen beim Sprechen die vorgetragenen Gedanken selbst noch einmal intensiv mitdenken, würde dein Sprechtempo ganz normal.

Beim Sprechen selbst mitdenken

Zu schnelles Sprechen erhöht die eigene Nervosität. Die Sätze werden lang und länger oder einfach abgehackt, Gedanken springen, du gerätst außer Puste. Und plötzlich weißt du nicht mehr weiter, hast den Anschluß oder den nächsten Gedanken vergessen, ein bestimmter Ausdruck fällt dir nicht ein, du sagst mehrfach dasselbe, nur mit anderen Worten – du hast den Faden verloren.

Es entsteht eine Sprechpause, vor der sich die meisten Sprecher fürchten. Völlig unnötig. Wenn ich will, daß andere mir zuhören und mich verstehen können, muß ich Sprechpausen machen. Während dieser kurzen Pausen hat mein Zuhörer Gelegenheit, meine Gedanken besser zu verfolgen. Deshalb plane ich solche Sprechpausen von vornherein ein und erinnere mich beim Reden immer wieder selbst daran. Wenn ich mir angewöhne, in kurzen Sätzen zu sprechen und manche Gedanken erst beim Reden ganz spontan entwickle, spüre ich, daß mir vielmehr einfällt, als wenn ich mich krampfhaft an eine vorgefertigte Formulierung klammere. Sprechdenken heißt das Zauberwort.

Kleine Sprechpausen einplanen

Wie dieses Sprechdenken wirkt, hast du bestimmt schon oft erlebt. Du beginnst, einem anderen etwas zu erklären, was du selbst noch nicht ganz begriffen hast. Während du so sprichst und zu erklären versuchst, hast du plötzlich ein Aha-Erlebnis. Beim Sprechen kommt dir der rettende Gedanke, fällt dir die Lösung ein.

Wenn du in der Klasse einen mündlichen Beitrag leisten willst, so bastle nicht an einzelnen Formulierungen herum. Das bremst das Denken. Du verlierst den Anschluß, die anderen sind schon ganz woanders.

Stichworte sind ein gutes Gerüst

Ein gutes Hilfsmittel, den Faden nicht zu verlieren, ist der Stichwort- oder Spickzettel. Auf einem solchen Zettel stehen nur die wesentlichen Punkte als Stichworte. Wenn du dir für möglichst viele Gelegenheiten einen Spickzettel anlegst, gewöhnst du dich daran, Texte in ihrer gedanklichen Struktur zu erfassen und Wichtiges von Unwichtigem zu trennen.

Wenn du wissen willst, ob dein Spickzettel wirklich gut ist, drücke ihn mal einem anderen in die Hand. Kann dieser Andere aus deinen Stichworten eine vollständige Geschichte machen, das Wesentliche zum Thema sagen?

Das wäre ein toller Sport: Spickzettel austauschen. Dann erklärt ihr euch gegenseitig eine Aufgabe oder einen Lösungsweg anhand des fremden Spickzettels. Dein Gegenüber erklärt dir also mit Hilfe deines eigenen Spickzettels, worauf es bei dieser Aufgabe ankommt. So erfährst du eine Menge über die Qualität deines Spickzettels. Und obendrein ist es bestimmt interessant, die Spickzettel-Technik deiner Freundin oder deines Freundes testen zu können. So entwickelst du mit der Zeit ein sicheres Gespür für wirklich brauchbare Stichwortzettel und die sind für die mündliche Mitarbeit im Unterricht fast nie verboten.

Jetzt sitzt dir Quakos wieder gegenüber. An welcher Stelle sitzt er für dich am besten?

Wenn ich mehrere Sätze hintereinander sprechen soll, muß ich genügend kleine Sprechpausen machen. Und weil ich sie nicht aus Verlegenheit mache, sind Sprechpausen mir auch nicht peinlich.

Wenn ich einem anderen etwas erkläre, habe ich selbst den größten Nutzen davon. Beim Sprechen kommen mir Gedanken, auf die ich niemals stoßen würde, wenn ich nur stillschweigend vor mich hin brütete.

Mit einem Spick- und Stichwortzettel trainiere ich, meine Gedanken zu ordnen. Ich bekomme mehr und mehr ein Gespür, Wichtiges von Unwichtigem zu trennen. Außerdem tauschen wir unsere Spickzettel untereinander aus. So lerne ich mit der Zeit am besten, wie ein wirklich sauguter Spickzettel aussieht.

Angst vorm Sprechen?

Prominenten-Umfrage

Dieter Kürten

1. *Was war Ihnen in der Schule lieber: die schriftliche oder die mündliche Prüfung?*

   Die mündliche!

2. *Haben Sie in ihrer Schulzeit gern Gedichte vor der Klasse aufgesagt?*

   Ja.

3. *Ist es Ihnen schon einmal richtig schwergefallen, vor einer Gruppe zu sprechen?*

   Nein, soweit ich mich erinnere.

4. *Warum zählt das Schriftliche mehr als das Mündliche?*

   Ist besser zu messen, zumal viele Lehrer eher schwach sind im Ausdruck und in der Rhetorik.

5. *Sollte Rhetorik als eigenes Unterrichtsfach in den Lehrplan aller Schulen aufgenommen werden?*

   Unbedingt! Macht doch mächtig Spaß.

6. *Haben Sie einen Tip für junge Menschen, denen es schwerfällt, in der Schule »den Mund aufzumachen«?*

   Sie sollen reden, wie ihnen der Schnabel gewachsen ist. Der Schliff kommt von selbst, wenn er denn kommen kann ...

Erst mal tief durchatmen

Nichts tun wir so regelmäßig und so selbstverständlich wie Atmen. Atmen müssen wir nicht lernen, wir können es von Geburt an, das heißt, seit dem Klaps auf unseren Po. Ich erinnere mich nicht mehr daran, aber ich soll fürchterlich geschrien haben, und alle freuten sich: »Anekdoteles ist gesund, der wird einmal groß und stark!«

Genauso höre ich es auch heute noch von vielen Leuten. Gesunde Luft ist mehr denn je gefragt. Zum Leben und Überleben brauchen wir nichts so notwendig wie Sauerstoff, Luft zum Atmen. Ohne Atem wären wir schon nach wenigen Minuten tot.

Und doch, viele verlernen das Atmen mit der Zeit, ich meine das *richtige* Atmen.

Atmen wird dann am wichtigsten, wenn man es (fast) vergißt

Besonders deutlich kannst du das bei dir selbst beobachten, wenn du aufgeregt bist. Dann geht dir ganz schnell die Puste aus. »Erst mal tief durchatmen!« heißt das Rezept dagegen. Und tatsächlich, es hilft ein bißchen weiter. Kannst du es? Ich meine, richtig tief durchatmen? Dich so richtig wohlig und ausgiebig strecken und dehnen? So, daß du dabei wie von selbst zu gähnen anfängst? Womit ich wieder bei meinem Lieblingsthema von der letzten Runde wäre.

Gähnen hat nämlich mit diesem tiefen Atmen zu tun. Wenn uns Sauerstoff fehlt, zwingt das Gähnen uns, den Brustkorb zu dehnen und mehr Luft hineinzupumpen. Ich meine nicht das verdrängte Gähnen hinter der vorgehaltenen Hand, wie du es bei vornehmen Leuten in einem Konzert oft beobachten kannst. Das unterdrückt das Einatmen sogar. Ich meine hier das richtig unanständige, wohlige Sichausgähnen. So wie Katzen und Hunde es genüßlich tun. Das ist nämlich die natürlichste Form der Tiefatmung.

Hoffentlich glaubt dir die Lehrerin oder der Lehrer in der nächsten Stunde, wenn du kräftig gähnst, daß du nur deine Atemtechnik trainierst ...

Einmal tief durchatmen

Dabei ist das tiefe Durchatmen tatsächlich ungeheuer wichtig. Doch wenn ich mich bei euch so umschaue, kommt das richtige Atmen fast überall zu kurz. Aber gerade, wenn wir aufgeregt sind, wenn es uns nicht so

Atme bewußt: Jeder Atemzug ist wichtig

gut oder dreckig geht, brauchen wir besonders viel Luft. Deswegen ist es von großem Vorteil, wenn du das richtig tiefe Durchatmen regelmäßig trainierst. Kommst du dann in aufregende oder beängstigende Situationen, kannst du dich durch eine gute Atemtechnik viel besser selbst beruhigen.

Drum empfehle ich dir aus voller Überzeugung: Frischauf gegähnt! Dabei kannst du dich strecken, dehnen und den Mund aufreißen, daß man dir in den Blinddarm schauen könnte – aber es schaut dir ja niemand zu, wenn du dich mit deinem »60-Sekunden-Atemtraining« durchgähnst.

Wenn dir das zu wenig ist, kannst du diese zweite Übung nachschieben:

Stell dir vor, du stehst auf einer Leiter, auf der fünfzehnten Sprosse. Du atmest tief ein, hältst den Atem eine Weile und während du langsam ausatmest, steigst du in Gedanken eine Sprosse tiefer. So machst du es Sprosse für Sprosse, bis du wieder festen Boden unter deinen Füßen spürst. Wenn du nicht schwindelfrei bist, fängst du eben auf der fünften Sprosse an.

Du wirst staunen, wie du dich durch tiefes Atmen wunderbar beruhigen kannst. Wenn du dich bewußt um deine Atemtechnik kümmerst, wirst du auch beim Sprechen davon profitieren. Deine Stimme bekommt nicht mehr so schnell dieses gefürchtete Vibrieren oder Zittern, wenn du aufgeregt bist. Du wirkst insgesamt viel ruhiger, weil das richtige Atmen dich von innen her beruhigt.

Aber mein Hit in dieser Sammlung ist die dritte Übung:

Setze dich schön gerade auf einen Stuhl, die Füße nebeneinander auf den Boden. Schließe die Augen. Aber erst, wenn du bequem sitzt. Nun leg deine Hände mit sanftem Druck so auf den Bauch, daß die Finger von rechts und links auf den Bauchnabel zeigen. Jetzt konzentrierst du dich nur auf deine Hände. Du spürst ganz bewußt die Stelle, wo sie auf deinem Bauch liegen.

Du atmest so tief ein, als wolltest du deinen Bauch wie einen Luftballon aufblasen, als wolltest du deine Hände wegdrücken. Spürst du, wie das geht? Mach das ein paar Mal hintereinander. Ganz langsam, ohne Kraftanstrengung und ganz unverkrampft. Deine Gedanken bleiben dabei intensiv bei deinen Händen, du hältst sie sozusagen am Bauch fest. Spazieren deine Gedanken zwischendurch woanders hin, lenke sie immer wieder zu deinen Händen und deinem Bauch zurück. Fühlst du, wie sich Wärme ausbreitet oder eine angenehme Kühle?

Oder fühlst du gar nichts? Achte trotzdem eine Weile darauf, was du wahrnehmen kannst, was sich verändert. Du wirst bald schon merken, wie beruhigend und entspannend das wirkt.

Atme konzentriert, das spürt dein ganzer Körper

Sanfte körperliche Berührung ist nicht nur angenehm, sondern sie beruhigt auch.

Dieses Beruhigungstraining wirkt sogar, wenn du ganz normal atmest. Deshalb kannst du es auch überall ganz unauffällig einsetzen: Im Wartezimmer beim Zahnarzt, im Klassenzimmer vor einer Klassenarbeit oder kurz vor einer aufregenden Situation.

Der einzige, der mir bei diesem Training zuschauen darf, ist Quakos. Er hält sich auch sehr gern den Bauch – und sei es nur vor Lachen. Und dabei habe ich festgestellt, daß auch das ein gutes Atemtraining ist. Lachen ist gesund, selbst wenn du dich kaputtlachst ...

Wie siehst du das?

Ohne Atmen lebt nichts – ohne richtiges Atmen geht nichts. Deshalb will ich öfter ganz bewußt tief durchatmen – und wenn ich es mit Gähnen trainiere.

Ich nehme mir mehr Zeit zum Atmen. Die Übung mit der Leiter zeigt, wie ich sicheren Boden unter die Füße bekomme.

Ich bin schnell aufgeregt und ungeduldig mit mir selbst. Die Bauchübung hilft mir, heikle Situationen cool und gelassener anzugehen.

Angst vorm Sprechen?

Prominenten-Umfrage

Harry Valerien

1. *Was war Ihnen in der Schule lieber: die schriftliche oder die mündliche Prüfung?*
   Meistens die mündliche Prüfung.

2. *Haben Sie in ihrer Schulzeit gern Gedichte vor der Klasse aufgesagt?*
   Ja, sehr gerne.

3. *Ist es Ihnen schon einmal richtig schwergefallen, vor einer Gruppe zu sprechen?*
   Anfangs ja, das hat sich aber durch etwas Überlegung und Training schnell geändert.

4. *Warum zählt das Schriftliche mehr als das Mündliche?*
   Da sollte man die Lehrer und die Schulbehörden fragen. Sicherlich auch, weil im Leben selbst vielfach schriftliche Arbeiten unerläßlich sind.

5. *Sollte Rhetorik als eigenes Unterrichtsfach in den Lehrplan aller Schulen aufgenommen werden?*
   Das fände ich nicht schlecht, glaube aber, daß man dieses Fach nicht zu sehr überbetonen sollte.

6. *Haben Sie einen Tip für junge Menschen, denen es schwerfällt, in der Schule »den Mund aufzumachen«?*
   Im Gespräch mit Eltern und Freunden nachzuforschen, warum Schwierigkeiten (auch Hemmungen) bestehen und dann Wege suchen, wie sich die Hürden sinnvoll abbauen lassen.

Von der Geduld und einem alten Sprechergeheimnis

Ich bin bekannt für meine Engelsgeduld und meine feuchte Aussprache. Deswegen höre ich manchmal die Leute hinter meinem Rücken lästern: »Ei, guck mal, da geht die ›Geduld mit Spucke‹!«

Das mit der Spucke nehme ich gern in Kauf. Weiß ich doch, daß die Geduld ein tolles Kompliment ist. Und außerdem ist sie ein phantastisches Mittel, seine Ausdauer und Konzentration enorm zu steigern. Und somit beherrsche ich etwas, was viele nicht mehr fertigbringen. Das fängt schon damit an, daß kein Mensch Zeit hat. Es muß immer was los sein, immer irgendwas passieren, flimmern oder piepsen. Wo es still ist, wird es im Nu todlangweilig.

Ausdauer und Geduld

Wenn du aber Ausdauer trainieren willst, mußt du gerade Stille und Langeweile nicht nur ertragen können, sondern sogar in dein Trainingsprogramm aufnehmen. Ohne Ausdauer und Geduld kannst du auf Dauer keine nennenswerte Leistung erzielen. Auch nicht beim Reden. (Beobachte mal unter diesem Gesichtspunkt zehn große Schwätzer – du findest mindestens neun, denen ziemlich rasch die Puste ausgeht.) Ich poltere hier so munter los, weil ich dich nicht dazu zähle. Denn wenn du so schwach auf der Brust wärest, hättest du gar nicht bis zur dreizehnten Runde durchgehalten.

Kannst du dich gut auf eine Aufgabe einstellen, die einen längeren Atem erfordert? Schaffst du es zum Beispiel, fünf Minuten lang die Bewegungen von Blättern im Wind oder das Flackern einer brennenden Kerze zu beobachten? Wenn nichts besonderes passiert, sind fünf Minuten eine Ewigkeit.

5 Minuten Ewigkeit

Wenn du es eine Woche lang schaffst, jeden Tag fünf Minuten »Ewigkeitstraining« zu betreiben, hast du gute Chancen, mal so alt zu werden, wie ich es heute bin... Oder mindestens so alt wie Sophokles (497/96 v.Chr. bis 407/06 v.Chr.). Dieser berühmte Tragödiendichter und knallharte Stratege würde es dir ernsthafter und etwas feierlicher sagen: »Achtung verdient, wer vollbringt, was er vermag.«

Bist du bereit zu tun, was du kannst? Dann bleib am Ball und lies weiter. Ich habe dir fünf Regeln für Sprechübungen mitgebracht, die dir wirklich etwas bringen:

- Sprich zwei bis drei Minuten im Sitzen und zwei bis drei Minuten im Stehen. Merkst du den Unterschied? Wenn du laut sprichst, geht es leichter und besser im Stehen.

- Bei deinen Sprechübungen stehst du mit beiden Beinen gleichmäßig fest auf dem Boden.

- Du hältst den Kopf nicht gesenkt, sondern ganz natürlich. Das Kinn ist leicht angehoben. Dadurch kommst du gar nicht erst in Gefahr, zu nuscheln oder dir etwas »in den Bart zu brummeln«.

- Das ist mein altes Sprechergeheimnis: Einige moderne Sprechtrainer halten es zwar für bescheuert, ich kann dir diese Methode aber mit gutem Gewissen wärmstens empfehlen: Das Korkentraining.
  Du besorgst dir einen Flaschenkorken, wie er für Weinflaschen verwendet wird. Du steckst ihn wie eine Zigarre in den Mund und hältst ihn mit den Zähnen fest.

Dann versuchst du, deinen Deutschaufsatz, einen Zeitungsartikel oder irgendeinen beliebigen Text laut vorzulesen.
Das klingt natürlich äußerst komisch. (Außerdem ist es mit deiner Spucke so eine Sache...) Du wirst aber schnell merken, daß du mit dem Korken nicht zu schnell reden kannst, ganz automatisch sprichst du langsam.
Natürlich hältst du das nicht lange aus. Ein bis zwei Minuten pro Tag reichen völlig aus. Am Anfang bekommst du vielleicht einen leichten Muskelkater in der Gegend des Kiefergelenks. Das wäre ein spürbares Zeichen, daß du die Übung richtig gemacht hast. Wie bei jedem Training, das am Anfang Muskelkater verursacht, ist es auch hier nach zwei, drei Tagen vorbei. Dann bleibt dir nur noch, einen weiteren Fortschritt deiner Sprechtechnik als Erfolg zu genießen.
Solltest du bei deiner Aussprache zum Lispeln neigen, ist der Korken auch gegen diese kleine Schwäche ein gutes Trainingsgerät.

Ganz gleich, welche Sprechübung du dir vornimmst, trainiere mit Freude und Zuversicht. Laß dich nicht entmutigen, wenn es mal nicht so klappt, wie du es gern hättest. Jeder kleinste Fortschritt ist ein Erfolg, den auch andere bei dir feststellen werden.

Was Ausdauer betrifft, davon kann mein grüner Freund ein Liedchen quaken. Und das möchte er gern beibehalten, ganz egal, wo er (k)lebt.

Seit ich die Freude am Beobachten entdeckt habe, kann ich meine Geduld und Ausdauer wunderbar trainieren. So wird etwas scheinbar Langweiliges mit der Zeit sogar richtig spannend.

Um den Erfolg von Sprechübungen zu steigern, kommt es auf eine gute Haltung an. Ich stehe da und fühle mich ganz sicher.

Die Sache mit dem Korken sieht zwar aus wie eine Schnapsidee, ist aber mindestens einen Versuch wert.

Was Blicke alles sagen können

Wer schafft es am längsten, seinem Gegenüber in die Augen zu schauen? Kennst du das Spiel? Es dauert nicht lange, bis einer von euch beiden plötzlich lachen muß.

Augenblick!

Eine beliebtere und reizvollere Methode, sich etwas mit den Augen mitzuteilen, ist das Zuzwinkern oder Zublinzeln. Wenn zwei sich auf den ersten Blick sympathisch sind und mit Blicken ihre Zuneigung spielerisch zu erkennen geben, heißt das einfach: Flirten.

Schauen sich Verliebte in die Augen, können sie sich fast jeden Wunsch darin ablesen.

Kinder, die etwas ausgefressen haben, schauen während einer Moralpredigt meistens verschämt auf den Boden. Wer sich beleidigt fühlt, schaut weg. Wer anderen nicht in die Augen schauen kann, gilt als falsch und hinterlistig.

Erzfeinde können sich Blicke zuwerfen wie giftige Pfeile.

Bevor wir einen einzigen Satz aussprechen, können unsere Augen schon eine ganze Geschichte erzählen.

Nun gibt es aber nicht nur den Blickkontakt mit einem Gegenüber, sondern auch mit einer ganzen Gruppe. Was sagen dann die vielen Blicke? Wenn du vor der Klasse stehst, fühlst du dich durch zwanzig oder dreißig Augenpaare möglicherweise bedroht? Schaust du deshalb lieber weg, in die Luft, auf den Boden, in deine Notizen oder sonstwohin? Fürchtest du, daß die »Gaffer« dich aus dem Konzept oder gar zum Lachen bringen?

Blickkontakt sagt: Mit dir rede ich

Wenn du vor der Klasse etwas vorträgst und dabei jeden Blickkontakt vermeidest, wirkst du auf deine Zuhörer unsicher, vielleicht sogar arrogant. Du machst es dir unnötig schwer. Das kannst du ändern.

Bevor du etwas sagst, schau ein paar Sekunden ruhig in die Klasse. Schau einige Kameraden bewußt an. Am besten solche, die du magst – Kameradinnen und Kameraden, die nicht hämisch grinsen oder sonst einen Blödsinn machen. An den unkameradschaftlichen Typen schau vorbei und suche einen Augenblick weiter, bis jemand deinen Blick positiv erwidert.

Blickkontakt gibt Sicherheit

Das spürst du. Ganz bestimmt! Du mußt dich nur trauen, das zu testen. Du kannst auch vorher mit einer Freundin oder einem Freund vereinbaren, daß sie dir kurz zunicken, wenn du vor der Klasse stehst und sie anschaust. Du wirst sehen, das gibt dir ein wunderbares Gefühl der Sicherheit.

Denn ohne jeden Blickkontakt isolierst du dich von der Klasse, und es wird dir immer unangenehmer, je länger du da vorne stehst und reden sollst.

Blickkontakt heißt auch: Ich höre zu

Blickkontakt kannst du natürlich auch als Zuhörer knüpfen. Während deine Lehrerin oder dein Lehrer etwas erklärt, kannst du durch aufrichtiges Anschauen dein Interesse zeigen. Das wirkt sich bestimmt auch positiv auf euer Verhältnis aus. Wir alle haben es gern, wenn uns aufmerksam zugehört wird, wenn wir nicht gegen eine Wand reden.

Blickkontakt kannst du auch überall im Alltag üben. Achte einmal bei deinen Gesprächen darauf, ob du von Zeit zu Zeit auch diejenigen anschaust, die du nicht sonderlich leiden kannst.

Blick im Spiel

Oder mach einmal das »Blick-Block-Spiel«. Und das geht so: Wenn du spürst, daß dich jemand im Fahrstuhl, in der Straßen- oder U-Bahn anschaut, erwidere den Blick für ein paar Sekunden. Wenn dann die oder der andere gleich wieder wegschaut, zählst du – Blick! – einen Punkt für dich. Wenn du aber, nachdem sich eure Blicke begegnet sind, schon nach drei Sekunden wieder wegschaust, zählst du – Block! – heimlich einen Punkt für dein Gegenüber.

Wie ist dein Punktestand, wenn du dieses Spiel mit zehn fremden Personen, die natürlich nichts von deinem Training ahnen, ausprobiert hast? Wenn du es wirklich willst, wirst du ziemlich sicher Sieger sein. Ziemlich sicher – fühlst auch du dich mit der Zeit dabei.

Bewußten Blickkontakt pflegen heißt:

- Angst vor der Begegnung mit Gesprächspartnern und Zuhörern abbauen;
- aufgeschlossener, selbstsicherer und überzeugender auf andere zu wirken;
- andere ernst nehmen und sympathisch finden.

Schau dir mal an, wie Quakos das mit seinen Froschaugen sieht:

Beim Reden schaue ich nicht weg, sondern die anderen an. Vor der Klasse suche ich Blickkontakt vor allem mit meinen »Plus-Leuten«, die ich gut leiden kann.

Beim Zuhören kann ich den Blickkontakt besonders gut üben. Damit zeige ich dem anderen mein Interesse. Wer im Unterricht interessiert zuhört, ist deshalb noch lange kein Schleimer oder Streber.

Ich bin gespannt, wie ich beim nächsten »Blick-Block-Spiel« abschneiden werde. Das Spiel reizt mich, denn es ist lustig und ernst, leicht und schwer in einem. Ich glaube schon, daß es ein Gefühl der Sicherheit vermittelt.

Angst vorm Sprechen?

Prominenten-Umfrage

Dr. Alfred Biolek

1. *Was war Ihnen in der Schule lieber: die schriftliche oder die mündliche Prüfung?*
   Die mündliche.

2. *Haben Sie in ihrer Schulzeit gern Gedichte vor der Klasse aufgesagt?*
   Nein.

3. *Ist es Ihnen schon einmal richtig schwergefallen, vor einer Gruppe zu sprechen?*
   Nein.

4. *Warum zählt das Schriftliche mehr als das Mündliche?*
   Weil es unbestechlicher ist. Mündlich kann man Mangel an Wissen durch Beredsamkeit, Charme etc. ausgleichen.

5. *Sollte Rhetorik als eigenes Unterrichtsfach in den Lehrplan aller Schulen aufgenommen werden?*
   Ja.

6. *Haben Sie einen Tip für junge Menschen, denen es schwerfällt, in der Schule »den Mund aufzumachen«?*
   Keine Angst vor der Blamage.

Wenn ich den Anschluß verpaßt habe

Abgehängt

»Das Schiff ist weg, ich sehe es nicht mehr und höre nur noch das Rauschen des Meeres!« Oder anders ausgedrückt: »Der Zug ist abgefahren, ich verstehe nur noch Bahnhof!«

In einer solchen Situation hast du dreierlei Möglichkeiten zu reagieren:

- Du bleibst am Bahnhof sitzen oder legst dich auf eine Bank. Du nimmst an, daß irgendwann der nächste Zug kommt.
- Du gehst einfach irgendwo spazieren, ins Kino oder ins Café.
- Du studierst den Fahrplan oder erkundigst dich, wann du den nächsten Anschluß bekommst.

Du hast den Braten längst gerochen und weißt, daß ich die dritte Möglichkeit empfehle. Du kennst mich ja schon.

Also gut, du gehst in Gedanken oder in deinem Heft, im Buch oder an der Tafel bis an die Stelle zurück, die du noch sicher verstanden hast. Von da gehst du zu dem Punkt, an dem du nicht mehr weiterkommst.

Wer Anschluß sucht, muß Fragen stellen

Melde dich und stelle genau dazu deine Frage. Du darfst sie durchaus geschickt verpacken:

- »Mir ist im Moment noch nicht ganz klar, ...«
- »Noch einmal zurück zu ...«

Noch besser ist es, wenn du etwas von dem, was du weißt, in die Frage einpacken kannst:

»Das ... und das ... ist mir klar, warum aber kommt hier...?«

Aktiv mitgestalten ist besser, als passiv abhängen

So dürftest du den Anschluß am schnellsten bekommen. Traue dich zu fragen. Mitmachen macht munter.

Das gilt besonders, wenn du geschickt ein Streitgespräch einfädeln kannst:

»Das könnte man doch auch so ... und so ... machen!?«

»Warum ziehen Sie nicht einfach eine Verbindungslinie von A nach B?«

»Meinen Sie nicht auch, daß hier ...?«

Du wirst staunen, wie kurz(weilig) 45 Minuten werden können, wenn du dich in dieser Form beteiligst. Du wirst sehen, auf einmal macht sogar deinem Lehrer der Unterricht mehr Spaß. Natürlich ist das nicht deine Aufgabe. Du wirst aber sehen, daß aktives Mitgestalten der einfachste und sicherste Weg ist, bereits während des Unterrichts so viele Informationen zu sammeln, daß du dir damit eine Menge Arbeit hinterher ersparst.

Die Stop-Methode gegen das Einschlafen

Selbstverständlich kannst du an einem langen Schultag mit fünf oder sechs Stunden nicht dauernd aufmerksam sein und konzentriert mitarbeiten. Wenn du merkst, daß du alles nur noch aus weiter Ferne hörst, wenn du wunderschöne Muster in dein Heft oder Buch malst, wenn du dich über die Frisur der Klassenbesten wunderst oder überlegst, wen du zu deiner nächsten Party einladen willst, könntest du mal ausprobieren, ob die Stop-Methode dir was bringt:

Stop! – Wovon ist im Moment die Rede? Dazu schreibe ich mir ein gutes Stichwort auf. Wenn mir nicht gleich eines einfällt, höre ich, ob ich nicht eines aufschnappen kann.

Oder:

Stop! – Welche Frage kann ich jetzt stellen?

Oder:

Stop! – Jetzt suche ich die nächste passende Gelegenheit, mich zu melden.

Ich weiß, das ist ziemlich viel verlangt. Und damit du nicht das Gefühl bekommst, ich wäre nur ein alter Moralapostel, gebe ich gerne zu, daß es todlangweilige Stunden gibt. Da hilft keine Frage, kein Stichwort und kein Stop. Da kann ich nur vorlesen, was neulich eine Schülerin in ihr Geschichtsbuch gemalt hat: »Der Pauker da vorn lallt mir ein Ohr ab!«

Aber das habe ich meinem Freund Quakos nicht erzählt. Sonst würde er sich nur mit diesem einen Satz begnügen. So aber hat er sich noch mit drei anderen Ideen beschäftigt:

Gut verpackt ist jede Frage ein Gewinn. Besonders, wenn ich ein bißchen von meinem Wissen in die Frage einbauen kann.

Wenn ich eine andere Meinung äußern oder einen anderen Vorschlag machen kann, ist ein flottes Streitgespräch ein guter Muntermacher.

Die Stop-Methode ist ein hervorragendes Aufmerksamkeitstraining. Ich bestimme selbst, wann ich abschalte und mir eine Pause gönne und wann ich wieder ganz bewußt einschalte und auf ein Stichwort hin voll dabei bin.

Angst vorm Sprechen?

Prominenten-Umfrage

Jörg Wontorra

1. *Was war Ihnen in der Schule lieber: die schriftliche oder die mündliche Prüfung?*

   Schriftliche Prüfung.

2. *Haben Sie in ihrer Schulzeit gern Gedichte vor der Klasse aufgesagt?*

   Nein.

3. *Ist es Ihnen schon einmal richtig schwergefallen, vor einer Gruppe zu sprechen?*

   Nur in der Schule vor der versammelten Klasse. Nach der Sprechausbildung während des Volontariats war die Hemmschwelle überwunden.

4. *Warum zählt das Schriftliche mehr als das Mündliche?*

   Vielleicht, weil der Mensch die Möglichkeit hat, zunächst nachzudenken und die Dinge dadurch besser auf den Punkt bringen kann als beim Mündlichen. Die schriftliche Mitteilung ist konkreter und genauer, das Mündliche spontaner – mit der Gefahr verbunden, Informationslücken zu lassen.

5. *Sollte Rhetorik als eigenes Unterrichtsfach in den Lehrplan aller Schulen aufgenommen werden?*

   Ja, weil dadurch frühzeitig Hemmschwellen abgebaut werden können und Kommunikationsdefizite vermindert werden.

6. *Haben Sie einen Tip für junge Menschen, denen es schwerfällt, in der Schule »den Mund aufzumachen«?*

   Reden – auch mal falsche Wortwahl oder Holperer in Kauf nehmen. Nur »Learning by doing« bringt Erfolg.

This problem is still under discussion

Fremd-sprechen ist nicht leicht

»Dieses Problem ist still in der Diskussion.« So hätte ich den Satz übersetzt, wenn ich mir diese moderne Sprache nicht mühsam angeeignet hätte. Mit meiner Hauruck-Übersetzung hätte ich zwar ganz schön daneben gegriffen, aber ein Lacherfolg wäre mir sicher gewesen.

Wer sowieso schon Mühe hat, frank und frei im Unterricht mitzureden, hat im Fremdsprachenunterricht oft noch größere Schwierigkeiten. Da hast du eine Frage nicht richtig verstanden, da suchst du krampfhaft nach den richtigen Wörtern, da hast du Angst vor der falschen Aussprache, kurzum, die mündliche Mitarbeit wird zum reinen Streß.

Besser munter drauflosgeplappert, als still dahingeschwiegen

Wie habe ich es gemacht, als ich mit meinem alten Griechisch zu euch modernen Menschen kam? Nun, ich habe einfach drauflos geredet, die neuen Vokabeln eingesetzt, so gut ich konnte. Ich habe mich aber auch nicht gescheut, viele Wörter meiner Muttersprache mitzubenutzen. Dazu habe ich immer schon mit Händen und Füßen geredet. Und, oh Wunder, die Verständigung hat geklappt.

Wenn der Satz stimmt, kommt es nicht auf jedes Wort an

Nun ist es sicher nicht das Ziel eines modernen Fremdsprachenunterrichts, Kauderwelsch zu vermitteln. Ich meine aber, um in das freie Sprechen hineinzufinden, ist es besser zu kauderwelschen als still vor sich hin zu brüten. Viele Schülerinnen und Schüler, die lieber schweigen, besitzen durchaus gute Sprachkenntnisse. Manchmal sprechen sie allein deshalb nicht, weil sie sich auf ein bestimmtes Wort versteifen, das ihnen im Moment nicht einfällt. Ergeht es dir manchmal auch so? Dann verwende doch einfach das deutsche Wort und rede weiter in der Fremdsprache. Oder du setzt einfach ein englischklingendes Phantasiewort ein, das du als Füllsel benutzt. Im Französischunterricht sollte es natürlich französisch klingen.

Es gibt Untersuchungen bei Studenten darüber, wie gut sie eine Fremdsprache beherrschen. Die Ergebnisse haben gezeigt, daß weder der Wortschatz noch die Grammatikkenntnisse entscheidend sind. Den Eindruck, wie gut jemand eine Fremdsprache beherrscht, gewinnt man in erster Linie aus der Flüssigkeit seiner Rede. Das kann für dich nur heißen: Flüssigkeit vor Richtigkeit. Also lieber drauflosreden und etwas falsch sagen als stekkenbleiben oder gar nichts sagen. Wer mehr spricht, hat auch das Recht, mehr Fehler zu machen.

Für jede Sprache gibt es einen Grundwortschatz und eine Mindestgrammatik. Daneben gibt es einige Redewendungen, die du intensiv trainieren solltest. Redewendungen, mit denen du in vielen Situationen Fragen, Antworten oder Diskussionsbeiträge einleiten kannst.

Ein großer Teil jeder Sprache besteht aus Redewendungen

Vielleicht stellst du dir für diesen Zweck einige Wendungen und Beispielsätze fürs Mitreden und Argumentieren zusammen. Eine regelrechte Fundgrube für den Englischunterricht ist das Büchlein von Langenscheidt: »Englisch diskutieren«. Hier findest du, schön geordnet, genügend Redewendungen, um gekonnt mitzureden.

So schaffst du dir eine gute Basis, unnötige Streßsituationen im Unterricht zu vermeiden. Wenn du dich nämlich von dir aus meldest, um einen Beitrag einzubringen, wirst du viel seltener aus heiterem Himmel aufgerufen. Du nimmst es viel stärker selbst in die Hand, wann du drankommst. Mehr als zwei oder drei Mal pro Stunde wird es – schon rein mathematisch – nicht der Fall sein.

Als Vorbereitung auf den Unterricht suchst du dir drei oder vier Redewendungen aus, liest sie ein paarmal durch, sprichst sie vielleicht noch auf Band und lernst sie auswendig. Das klingt nach viel Arbeit, ist aber wie eine Einzahlung auf dein Sparbuch, das dir viel Zinsen bringt.

Wenn du ein paar Mal mit einer guten Formulierung im Unterricht auffällst, prägst du mit der Zeit auch eine positive Erwartungshaltung bei deinem Lehrer. Laß mich ein Beispiel erzählen, das ich neulich in einem Klassenzimmer beobachtet habe. Da stand folgender Satz an der Tafel: WE GAVE THE NEW CLASSMATE A FRIENDLY WELCOME. Diesen Satz wollte der Lehrer ins Passiv übersetzt haben. Es war ziemlich unruhig in der Klasse, während ein unscheinbarer Schüler sagte: »A new Classmate was given a friendly welcome.« Der Lehrer schien mit der Antwort nicht ganz zufrieden zu sein, verzog leicht das Gesicht und munterte die Klasse erneut zu einer Antwort auf. Diesmal meldete sich eine Schülerin in der zweiten Reihe. Dem Lehrer schien es endlich auch zu laut geworden zu sein. Jetzt forderte er energisch zur Ruhe auf und nahm das Mädchen dran. »The new Classmate was given a friendly welcome.« Das Gesicht des Lehrers hellte sich freudig auf, und unverzüglich schrieb er die Antwort an die Tafel. Der unscheinbare Schüler empörte sich: »Das habe ich doch auch gesagt.« Der Lehrer schüttelte den Kopf.

Was war passiert? Der unscheinbare Schüler war ein schwacher Schüler, dem der Lehrer die richtige Antwort sowieso nicht zugetraut hatte. Bei der guten Schülerin hingegen ging er von vornherein von einer richtigen Antwort aus. Daher war es ihm auch wichtig, vor ihrer Antwort in der Klasse für Ruhe zu sorgen, so daß jeder die richtige Lösung hören konnte. Der Lehrer hatte sich also weniger von dem Inhalt der tatsächlich gegebenen Antworten in seinem Verhalten leiten lassen, als vielmehr von seiner Einschätzung der beiden jungen Leute.

Die Einschätzung eines Menschen oder die Beziehung, die ich zu ihm habe, bestimmt ganz wesentlich meine Wahrnehmung. Daher kommt es nicht nur darauf an, was gesagt wird, sondern viel entscheidender ist, wer es sagt. Deshalb gereicht es den einen ständig zum Vorteil, wenn sie einmal ein gutes Image haben, die anderen bleiben oft die Dummen – ein ganzes Schuljahr lang. Das geht aber nicht nur Lehrern so. Wenn du jemanden gut leiden kannst, kann sich dieser liebenswürdige Mensch dir gegenüber viel mehr leisten. Menschen, die du nicht leiden kannst, regen dich schon auf, wenn sie niesen oder husten müssen. Jeder trägt so seine eigene Brille.

Wenn du nicht damit zufrieden bist, wie deine Lehrerin oder dein Lehrer dich sieht, kannst du ihr oder ihm durch häufige freiwillige Beiträge eine ganz neue Brille verpassen.

Und mit dieser Redewendung wende ich mich an Quakos: Could you please outline the main points of my paper? – Yes, Sir.

Im Fremdsprachenunterricht ist es besser, flüssig draufloszureden, als jede Redewendung erst nach allen Regeln durchzudenken. Wenn ich nicht weiter weiß, hilft mir manchmal sogar ein frisch erfundenes Phantasiewort über meine Lücke hinweg.

Wenn ich mir Redewendungen und Satzbeispiele zusammenstelle und aneigne, daß sie wie am Schnürchen sitzen, kann ich einige Pluspunkte im Mündlichen sammeln.

Ich werde meinem Lehrer eine neue Brille verpassen, daß er mich endlich anders sieht.

Angst vorm Sprechen?

Prominenten-Umfrage

Dagmar Berghoff

1. *Was war Ihnen in der Schule lieber: die schriftliche oder die mündliche Prüfung?*

   Die schriftliche Prüfung.

2. *Haben Sie in ihrer Schulzeit gern Gedichte vor der Klasse aufgesagt?*

   Ja, besonders gerne.

3. *Ist es Ihnen schon einmal richtig schwergefallen, vor einer Gruppe zu sprechen?*

   Nachdem ich mein übliches großes Lampenfieber überwunden habe, macht mir das Sprechen vor einer Gruppe keine Schwierigkeiten.

4. *Warum zählt das Schriftliche mehr als das Mündliche?*

   Beim Schriftlichen muß man seine Gedanken ordnen und sie konkret zu Papier bringen. Wissenslücken können nicht wie beim Dialog überspielt werden.

5. *Sollte Rhetorik als eigenes Unterrichtsfach in den Lehrplan aller Schulen aufgenommen werden?*

   Ja.

6. *Haben Sie einen Tip für junge Menschen, denen es schwerfällt, in der Schule »den Mund aufzumachen«?*

   Ich habe keinen Tip für die jungen Menschen, die vielleicht zu schüchtern oder nicht eloquent genug sind, sondern mein Tip gilt der Schule. Es sollten unbedingt Rhetorikkurse eingeführt werden, damit diese Schüler gefordert werden und lernen, sich verbal gegenüber einer Gruppe auszudrücken und damit letztlich auch durchzusetzen.

Vom Spickzettel zum »Tor der Stunde«

Von Spickzetteln war ja in einer früheren Runde schon die Rede. Doch ich habe viele Schülerinnen und Schüler kennengelernt, für die ein Spicker wichtiger ist als ein Pausensnack. Darf ich dich dazu zählen? Dann hast du bestimmt nichts dagegen, wenn das Thema hier schon wieder auftaucht.

Natürlich kann ein Spickzettel dir nur gute Dienste leisten, wenn er Stichpunkte oder Skizzen von einem Stoff enthält, den du begriffen hast. Ausnahmen inbegriffen.

Spickzettel = Stichworte + Skizzen

Wenn du in einem bestimmen Stoffgebiet nicht durchblickst, kann dein Spickzettel trotzdem nützlich sein. Weil er so knapp gehalten ist und du dich gar nicht erst in hundert Nebensächlichkeiten verlieren kannst, hilft er dir gelegentlich im entscheidenden Augenblick auf die Sprünge.

Zum Beispiel dieser Spickzettel für eine Physikstunde:

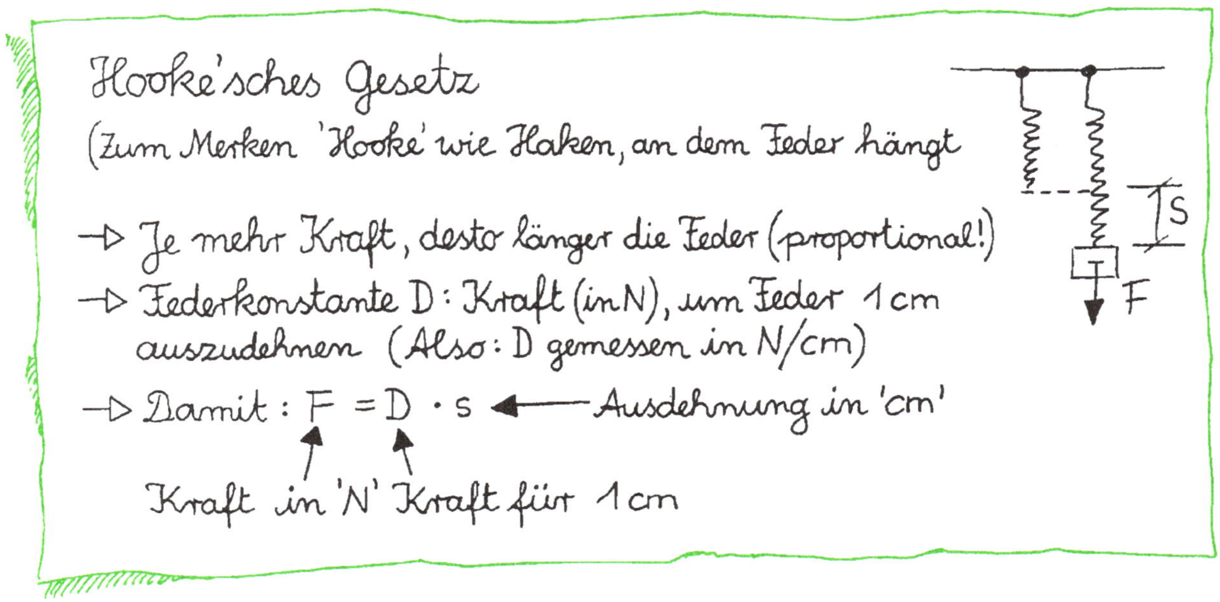

Drei Gedanken, stichwortartig notiert, eine kleine Skizze dazu – und du bist für die nächste Physikstunde super vorbereitet.

Mit Spickzetteln schnell »im Bild«

Klar, daß du diesen Spickzettel am nächsten Tag mit in den Unterricht nimmst. Ein Blick darauf in den ersten Minuten der Physikstunde, und du bist wieder im Bilde. Jetzt mußt du nur noch auf die passenden Fragen warten. Und wenn ihr gerade das Thema Elastizität behandelt, ist wohl kaum damit zu rechnen, daß eine Frage aus der Optik auf dich zukommt.

Gerade für die Fächer, in denen es meistens keine schriftlichen Hausaufgaben gibt, ist ein guter Spicker dein Erfolgsrezept.

Am Ball bleiben hilft Tore schießen

Dein Spickzettel hilft dir nicht nur, gut in die Stunde einzusteigen, sondern auch, länger am Ball zu bleiben. Wenn du am Ende einer Stunde die Antwort weißt, auf welche der Lehrer während der ganzen Zeit hingearbeitet hat, kannst du das »Tor der Stunde« schießen. Solche Treffer behalten Lehrer besonders gut. Und die Torschützen gelten allgemein als Profis.

Schau dich in deiner Klasse um, ob du das bestätigt findest. Viele melden und bemühen sich und kommen doch nicht recht zum Zuge. Andere machen nur hin und wieder mit, schaffen es aber, gegen Ende einer Stunde mit einer einzigen Antwort abzusahnen. Deshalb meine ich: Überlaß das Feld nicht einfach einem Abstauber, der auf Kosten anderer den Lorbeer erntet. Schieß das Tor selbst. Das setzt voraus, daß du in den letzten fünf »Spielminuten« nicht gähnend darauf wartest, bis das Spiel endlich abgepfiffen wird, sondern jetzt erst recht zu deiner Höchstform aufläufst. Das gilt sogar, wenn du mal deinen schlechten Tag erwischt hast. Wenn in den ersten dreißig oder vierzig Minuten einer Stunde nichts für dich drin war, dann schau wenigstens, ob du in den entscheidenden Schlußminuten nicht selbst einmal der Abstauber sein kannst. Zwischendurch ist das auch ganz ok. Unangenehm sind lediglich die »Berufs-Abstauber«.

Die Spickzettel-Sammlung wird zum Grundgerüst

Vergiß übrigens nicht, diese Spickzettel gut aufzuheben. Hefte sie in einem Ringbuch oder in einer kleine Sammelmappe ab, klebe sie in ein eigenes Heft oder sammle sie wie wertvolle Briefmarken in einem Album. Vor deiner nächsten Arbeit oder Prüfung blätterst du in deinem Spick-Buch oder -Heft. Du wirst staunen ...

Jetzt staunt aber erst mal Quakos:

- Wo immer möglich, werde ich in meine Spickzettel eine Skizze zeichnen. Ein kurzer Blick auf meine Skizze – und ich habe wieder einiges zu sagen.

- Das »Tor der Stunde« fällt oft in den letzten zehn oder fünf Minuten. Das ist meine Zeit. Da will ich dabei sein. Treffer in der Endspurtphase zählen doppelt.

- Spicker sind besonders nützlich für Fächer, in denen es meistens keine schriftlichen Hausaufgaben gibt. Schon nach kurzer Zeit staune ich, wie nützlich und wertvoll sie sind: »Meine gesammelten Werke«.

Folienzauber ist kein fauler Zauber

Wenn ich im Hafen von Korinth zuschaute, wie diese kleinen getrockneten Weinbeeren auf die Schiffe verladen wurden, bekam ich immer Appetit auf Korinthenbrot. Ganz in der Nähe lebte ein Bäcker, bei dem es weit und breit das beste gab. Er hatte nur einen Fehler. Bevor er das Brot aufschnitt und brummig servierte, bohrte er so heftig in seiner Nase, daß mir der Appetit wieder verging. So habe ich sein berühmtes Korinthenbrot nie richtig kennengelernt.

Du fragst dich sicher, warum ich dir diese Geschichte erzähle. Das will ich gern erklären.

Pluspunkte im Referat: Gute Ideen müssen auch gut verkauft werden

Ich hatte in letzter Zeit mehrmals Gelegenheit, verschiedene Referate zu hören. Einige waren inhaltlich hervorragend, mit viel Liebe und Mühe zusammengestellt. Aber die Vortragenden erinnerten mich sehr an jenen Bäcker von Korinth. Nicht, daß sie in der Nase gebohrt hätten, aber sie regten den Appetit zum Zuhören nicht an, sie verkauften ihre Ware schlecht. So haben sie bei der stundenlangen Vorbereitung an alles gedacht, nur nicht an die wenigen, äußerst wichtigen Minuten einer wirkungsvollen Präsentation. Das sind verschenkte Punkte.

Ein halbwegs ordentliches Referat, gut verpackt und effektvoll vorgetragen, bietet die größte Chance, satte Pluspunkte im Mündlichen zu sammeln.

Laß Folien sprechen

In den nächsten drei Runden lernst du Methoden kennen, wie du dein Referat so präsentierst, daß alle hellbegeistert sein werden. Heute geht es um den Folienzauber. Wenn du bei deinem Referat den Overhead-Projektor und gute Folien einsetzt, kannst du nicht nur erhöhte Aufmerksamkeit erzielen, sondern hast auch für dich ein »Anti-Streß-Mittel« in der Hand. Du mußt jetzt nicht nur reden, sondern auch etwas tun. Während du Folien auflegst und wechselst, hast du Verschnaufpausen, eine natürliche Bremse, so daß die Zuhörer besser folgen können. Gelegentlich spricht eine gut gemachte Folie für sich. Das heißt, du läßt die Folie eine Weile aufgelegt, ohne dabei zu reden. So werden aus deinen Zuhörern auch Zuschauer. Sie

Gute Folien machen neugierig

haben Zeit, alles in Ruhe zu betrachten, mitzudenken und sich Notizen zu machen.

Ein guter Folienzauber trägt dazu bei, daß deine übrigen Vorarbeiten sich gelohnt haben. Und vielleicht verblüffst du mit einer effektvollen Präsentation auch noch deine Lehrer. Es gibt genügend Lehrer/innen, die haben von der Overlay-Technik genauso wenig gehört wie von der Klapp-, Auflege- oder Striptease-Technik. Auch diese letztgenannte ist nichts unanständiges. Wie der Name aber vermuten läßt, macht sie neugierig auf dein Referat.

Zunächst einmal überlegst du, welche Teile deines Referates du mit einer Folie untermalen willst. Für ein durchschnittliches Referat genügen zwei bis drei Folien völlig aus.

Die einfachste Methode, eine Folie zu erstellen, ist die Kopie von einer Druckvorlage. Sie ist aber nicht nur die billigste, sondern meistens auch die schlechteste. Die Schrift ist zu klein, die Informationen sind zu dicht, und sie sind so schwarz und traurig. (Es sei denn, du willst eine Menge Geld für Farbkopien ausgeben.)

Grundregeln für den Folienzauber

Da erzielst du mit einer selbst erstellten Folie schon einen besseren Eindruck. Dabei solltest du folgendes beachten:

Farbe

- Benutze farbige Folienschreiber, die du dir in der Schule ausleihen kannst. Wasserlösliche haben den Vorteil, daß du Schrift und Skizzen völlig problemlos korrigieren und verändern kannst. Sie haben aber den riesigen Nachteil, daß du schon beim Erstellen alles selbst verwischst. Deshalb sind Permanent-Schreiber günstiger. Wenn du dich verschrieben hast, hilft dir ein Tropfen Spiritus auf einem Wattestäbchen als »Radiergeist«.

Lesbarkeit

- Schreibe nicht zu klein. Wenn eine Folie nur Text enthält, sollten es nicht mehr als sechs bis sieben Zeilen sein. Und pro Zeile nicht mehr als acht bis zehn Wörter.

Markierungen

- Verwende Einrahmungen, Unterstreichungen, einfache Symbole, mache auch aus reinen Textfolien kleine Grafiken oder Diagramme. Benutze für gleiche Themen dieselbe Farbe. Farbig heißt nicht kunterbunt.

Du mußt kein Zeichenkünstler sein, um ein anschauliches Folienbild hinzaubern zu können. Lege die Folie über das Original und zeichne einfach ab. *Bilder und Grafiken*

Damit nicht alles krumm und schief wird, benutzt du ein Blatt aus deinem Matheheft als Unterlage. *Saubere Darstellung*

Bevor du mit der Arbeit anfängst, überlege kurz, ob in deinem Fall das Längs- oder Querformat besser geeignet ist. *Format*

Für die Overlay- oder Striptease-Technik benötige ich mehrere Folien, die das gesamte Bild erst dann ergeben, wenn alle Folien übereinander liegen. *Aufbau*

Zum Beispiel:

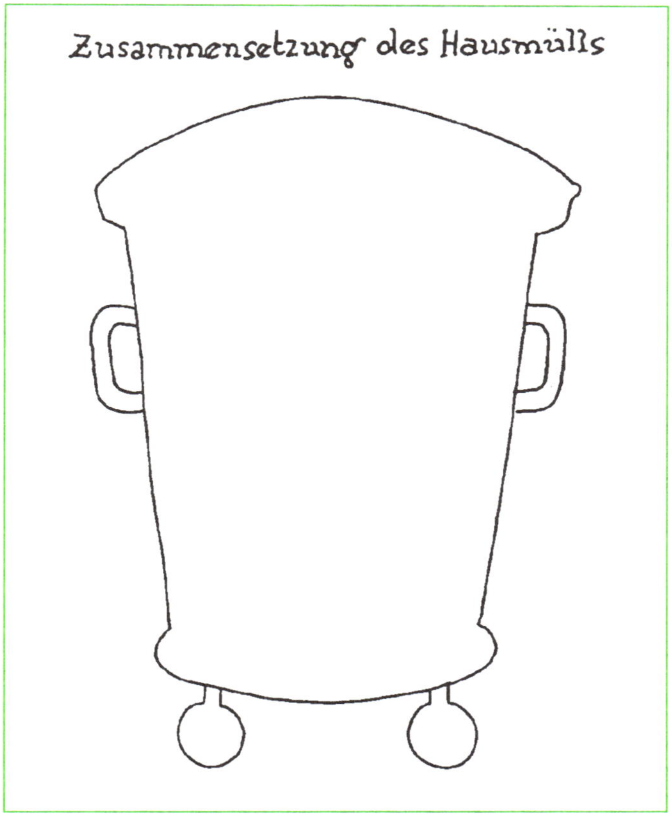

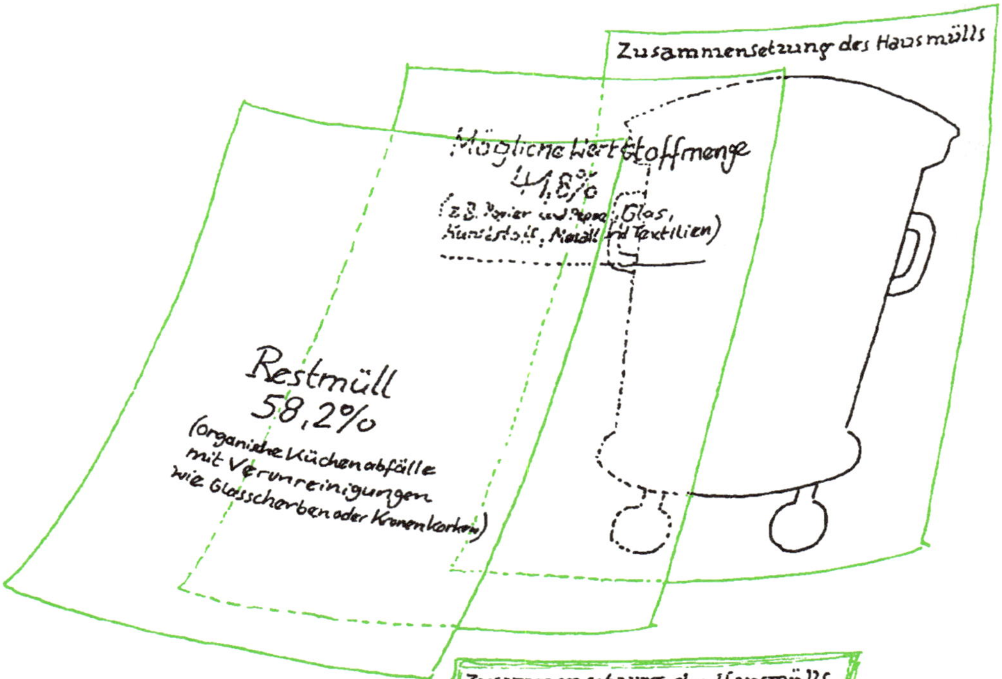

Und so sieht
das komplette Set dann aus:

Und Quakos stöhnt: »Von wegen fauler Zauber! Mit dem Folienzauber hast du alle Hände voll zu tun!«

Mit Folien kann ich nicht nur mein Referat vorzüglich würzen, sondern mir selbst auch nützliche Verschnaufpausen verschaffen.

Folien setze ich nur gezielt ein. Für ein Referat genügen mir zwei oder drei. Die aber sind farbig und übersichtlich gestaltet.

Bei der Gestaltung der nächsten Folien lege ich mir die sieben Empfehlungen von Anekdoteles daneben.

Angst vorm Sprechen?

Prominenten-Umfrage

Peter Horton

1. *Was war Ihnen in der Schule lieber: die schriftliche oder die mündliche Prüfung?*

   Die mündliche, weil sie ein Nachhaken und Erklären erleichtert sowie gelegentlich mit Gegenfragen den Zugang zur Prüfungsfrage erleichterte.

2. *Haben Sie in ihrer Schulzeit gern Gedichte vor der Klasse aufgesagt?*

   Ich empfand es meist als nicht angenehmes Inszenario, war mir aber schon früh darüber im Klaren, daß es nützlich ist.

3. *Ist es Ihnen schon einmal richtig schwergefallen, vor einer Gruppe zu sprechen?*

   In der Schule. Eine ausgezeichnete Deutschlehrerin hat mir darüber hinweggeholfen.

4. *Warum zählt das Schriftliche mehr als das Mündliche?*

   Weil es als Dokument gelten kann, während das Mündliche flüchtig ist und manchmal Auslegungen zuläßt, die die Gerechtigkeit bei der Zensur tatsächlich oder scheinbar gefährden.

5. *Sollte Rhetorik als eigenes Unterrichtsfach in den Lehrplan aller Schulen aufgenommen werden?*

   Unterricht in Rhetorik könnte dem jungen Menschen ohne Zweifel sowohl Waffen gegen unheile Manipulation, aber auch Werkzeuge der Menschlichkeit in die Hand geben.

6. *Haben Sie einen Tip für junge Menschen, denen es schwerfällt, in der Schule »den Mund aufzumachen«?*

   Wer sich schwer tut mit dem »Mund aufmachen« – und ich meine damit nicht so sehr das selbstgefällige Hervorpoltern virtuoser Egoisten –, sollte sich auch besonders um eine kritische Einstellung gegenüber modernen »autistischen«, selbstabgrenzenden Gepflogenheiten bemühen: etwa dröhnende Kopfhörer, die als Astronautenhelme wider das menschliche Umfeld mißbraucht werden, oder Diskotheken, die Lautstärken kultivieren, die jede Kommunikation auf sprachlicher und seelischer Ebene erschlagen und als Ghetto lärmbetrunkener Einsamkeiten ein kreatives Wir-Gefühl vortäuschen. »Am Anfang war das Wort«. Das Höchste, das ein Mensch erreichen kann, ist »selbstredend« zu werden; das geschieht, wenn sich einer nichts mehr zu beweisen braucht, mitunter auch völlig wortlos.

Ein Satz Folien im Einsatz

Als ich zum ersten Mal bei einem Vortrag Folien eingesetzt habe, hatte ich ganz schön zu kämpfen. Bei Zeus, war das ein Theater. Erst fand ich den richtigen Schalter nicht, dann legte ich die Folie verkehrt herum, und als sie endlich richtig lag, stand ich voll im Bild. Inzwischen kenne ich mich mit diesem Lichtwerfer so gut aus, daß ich ihn nicht mehr missen möchte.

Auf den richtigen Stand-Punkt kommt es an

Wenn ich einen Vortrag oder ein Referat zu halten habe, nehme ich mit meinen Folien vorne Platz. Am liebsten stehe ich links neben dem Projektor. In meiner Textvorlage habe ich die Stelle genau markiert, wann ich welche Folie einsetzen will.

Erst durchchecken, dann starten

Wenn es dann soweit ist, bin ich ganz still, lege die Folie auf, schalte den Projektor ein und prüfe, ob das Bild richtig an die Wand geworfen wird. Während dieser ganzen Prozedur, selbst wenn sie 10 Sekunden dauert, sage ich kein Wort. Ist die Technik dann komplett geregelt, beginne ich zu sprechen. Das trägt dazu bei, daß ich auf die anderen viel ruhiger wirke, als ich es tatsächlich bin. Sobald ich eine Folie besprochen habe, schalte ich den Projektor wieder aus.

Im Laufe der Zeit habe ich mir ein paar Tricks angeeignet, mit denen ich immer wieder verblüffende Erfolge erziele. Dich lasse ich gern in meinen Folienkoffer schauen:

Overlay-Technik

Über Doppeldecker und mehr

Diese Technik kennst du ja schon von der letzten Runde. Alle können sehen, wie sich ein Gedanke Schritt für Schritt entwickelt, was zu diesem Thema alles noch dazugehört. Bei dieser Technik mußt du allerdings aufpassen, daß die Folien beim Übereinanderlegen nicht verrutschen. Das kannst du verhindern, wenn du jede Folie gleich beim Auflegen mit der flachen Hand fest auf die Glasplatte streichst. Dann bleiben sie richtig kleben.

Damit garantiert nichts mehr verrutscht, kannst du diese Overlay-Technik noch raffiniert verfeinern. Du verpaßt den Folien einen Rahmen.

Die Rahmen-Klapp-Technik

Für Profis: Gerahmte Klapp-Folien

Das ist eine Technik für Folien-Profis. Zunächst klebst du aus Pappstreifen einen Rahmen um die erste Folie. Der Rahmen soll die die übrige Fläche der Glasplatte abdecken. Dadurch hat deine Folie keinen helleuchtenden breiten Rand, sondern sie wird dunkel eingerahmt und dadurch viel stärker betont.

Die zweite, dritte oder vierte Folie klebst du in der richtigen Reihenfolge und exakt übereinander mit zwei kleinen Tesastreifen an den Papprahmen.

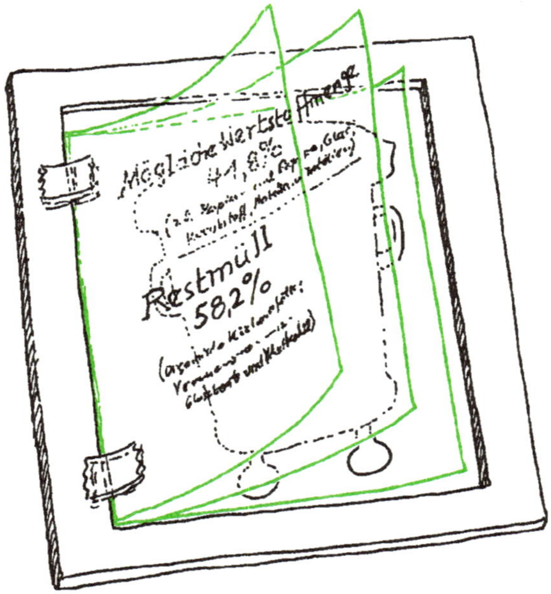

Wenn du diesen Foliensatz in deinem Referat zum Einsatz bringst, klappst du die angeklebten Folien zur Seite. Ist dein Foliensatz dick und schwer, müßtest du den Papprahmen der Grundfolie zur Sicherheit mit einem Gegenstand beschweren. Es wäre schade, wenn dir der ganze Folienzauber von der Platte rutschte. Nun klappst du nacheinander die Folien übereinander, bis alles im Bild ist.

Diese Technik funktioniert natürlich auch umgekehrt. Dann heißt sie

Striptease-Technik

Oder rückwärts: Der Folien-Countdown

Der Name verspricht vielmehr, als diese Technik halten kann. Trotzdem drückt er aus, was hier passiert. Das erste Bild zeigt alle Folien, die Grundfolie ist von allen Folien »zugedeckt«.

Wenn du in deinem Referat einen Werdegang aufzeigen willst, der zurück zum Ursprung führt, klappst du von Schritt zu Schritt eine Folie zur Seite. Am Schluß liegt nur noch die »nackte« Grundfolie da.

So reizvoll diese Technik ist, in der Praxis wirst du sie nicht so oft einsetzen können. Dafür bietet sich die Rolladen-Technik umso häufiger an.

Rolladen-Technik

Aufdecken: Schritt für Schritt

Auf deiner Folie stehen zum Beispiel sieben Thesen oder Merksätze. Es wäre unklug, alle auf einmal anzubieten. Wenn alle Thesen sichtbar sind, während du die erste erläuterst, hört dir niemand richtig zu. Alle lesen schon die nächsten Thesen, und bald schon ist die Spannung weg. Die kannst du aber mit der Rolladen-Technik noch eine ganze Weile halten: Du legst ein Blatt Papier auf die Projektor-Platte und dann die Folie darüber. Nun ziehst du das Blatt nur so weit unter der Folie hervor, daß nur der erste

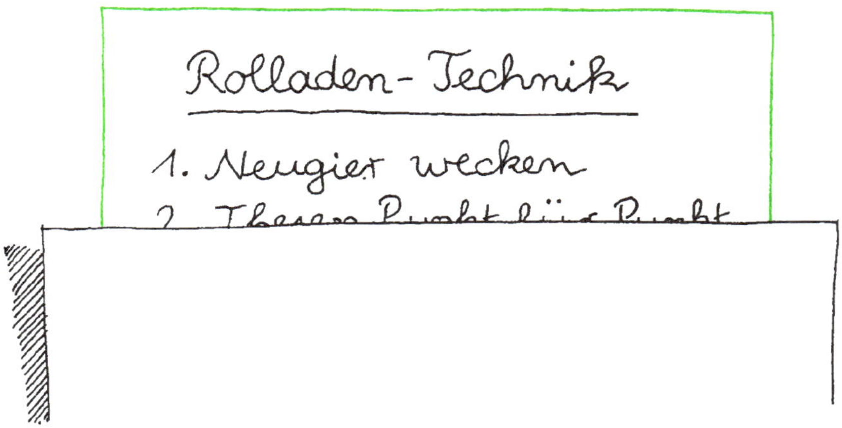

Gedanke auf der Bildfläche erscheint. Während du den zweiten Gedanken ansprichst, ziehst du das Blatt entsprechend weiter. So bietest du Zug um Zug den Überblick. Wenn du dein Thema so beleuchtest, lassen deine Zuhörer nicht so schnell den Rolladen herunter.

Mit dieser ausgesprochen einfachen Rolladen-Technik erzielst du im Handumdrehen eine verblüffende Wirkung. (Ich kann dir verraten, daß ich sogar schon Professoren erlebt habe, die froh gewesen wären, wenn sie von dieser Technik schon einmal was gehört hätten.)

Mit der Bleistiftspitze auf den Punkt gebracht

Übrigens, mußt du auf deiner Folie mal irgendein Detail zeigen, legst du am besten einen Bleistift so auf die Folie, daß die Spitze auf die erwähnte Stelle zeigt.

Auf welche Stelle zeigt dein Quakos jetzt?

Bei nächstbester Gelegenheit möchte ich ein Referat halten. Ich würde die Klipp-Klapp-Technik allzugerne in der Praxis testen.

Die Striptease-Technik scheint ja recht kompliziert zu sein. Trotzdem gefällt sie mir am besten – allein vom Namen her.

Die Rolladen-Technik ist so verblüffend einfach und doch so wirkungsvoll, daß ich nur staune, wie selten sie zum Zuge kommt. Bei meinem nächsten Referat baue ich sie ein.

Sicher von Anfang bis Ende

Da stehst du nun. Du ordnest deine Folien, probierst den Projektor aus, schaust ein paar Sekunden ruhig in die Klasse – und beginnst mit deinem Referat. So sehe ich dich schon vor meinem geistigen Auge.

Diese Sicherheit und Ruhe sollst du nun während deines ganzen Referates ausstrahlen. Und das erreichst du am besten, indem du von Zeit zu Zeit kurze Pausen machst. Theoretisch ist das ganz einfach – praktisch aber unheimlich schwer. Wissen die Götter, warum. Dabei gibt es für mich nur Vorteile, wenn jemand bei einem Referat genügend kurze Pausen macht.

Nochmals: Pausen sind wichtig – für dich und deine Zuhörer

Ich will nur ein paar aufzählen:

1. Durch eine Pause unterstreichst du, daß du soeben etwas Wichtiges gesagt hast.

2. Du machst es deinen Zuhörern leichter, deinen Gedanken folgen zu können.

3. Dein Sprechen wird ganz von selbst abwechslungsreicher. Mit einer gekonnten Pause schaffst du es, daß es spannend bleibt. Alle wollen wissen, wie es weitergeht. Und wer schon schadenfroh annimmt, du wüßtest nicht mehr weiter, hat sich zu früh gefreut.

4. Die bewußt eingesetzte Pause gibt dir Zeit, den nächsten Punkt zu überfliegen und dann gut betont vorzutragen. Das wirkt souverän.

5. Du kannst dich kurz entspannen und ausreichend Luft holen. So bleibt deine Stimme fest und sicher. Dir geht die Puste so schnell nicht aus.

6. Durch gute Pausen bremst du dein Sprechtempo. Schnellsprecher sind oft nicht gut zu verstehen, wirken unsicher und scheinen wenig Interesse an ihren Zuhörern zu haben. Diese Zuhörer rächen sich auf ihre Weise.

7. Durch eine längere Pause werden auch diejenigen wieder aufmerksam, die schon abgeschaltet haben.

8. Wer verlegen ist, möchte möglichst schnell fertig werden. Wenn du eine bewußte Pause machst, wirkst du nicht verlegen. Wenn du es trotzdem bist, hilft die Pause dir, deine Verlegenheit zu überbrücken.

Hände weg aus dem Gesicht

Aber mit der Pause allein ist es natürlich nicht getan. Wenn du dich unsicher und verlegen fühlst, verraten deine Hände das. Vor allem, wenn du sie beim Sprechen im Gesichtsbereich bewegst. Wenn du dein Kinn während des Vortrags aufstützt, wenn du mit und in den Haaren spielst, dich an der Stirn kratzt oder deine Nase reibst. Wenn du nicht willst, daß alle deine Verlegenheit ganz deutlich sehen, haben deine Hände während des Sprechens nichts im Gesicht zu suchen.

Auch ein souveräner Abgang gehört dazu

Bist du mit deinem Referat am Ende, stürze nicht gleich an deinen Platz zurück. Du würdest dadurch nur zeigen, wie froh du bist, daß du es endlich hinter dir hast. Würdest du deine Folien hastig zusammenraffen, den Bleistift fallen lassen und zu guter Letzt noch über die Schnur des Projektors stolpern, wäre das jammerschade. Du würdest nur die gute Wirkung deines Vortrags in letzter Sekunde umkippen. Ein Referat, in dem so viel Arbeit steckt, beendest du damit, daß du ruhig und zufrieden an deinen Platz gehst.

Wenn du ein paar Mark Taschengeld investieren willst, könntest du einen besonders wirkungsvollen Schlußpunkt setzen: Zum Abschluß drückst du allen eine Kopie mit den wichtigsten Stichpunkten deines Referates in die Hand.

Und wohin drückst du Quakos?

Gekonnte Pausen geben Sicherheit. Wer pausenlos und immer schneller spricht, scheint seiner Sache nicht ganz sicher.

Wenn ich während meines Vortrages nicht unsicher wirken will, muß ich auf meine Hände achten. Vor allem haben sie nichts im Gesicht zu suchen.

Mit dem letzten Satz bin ich noch nicht fertig. Die Art und Weise, wie ich meine Unterlagen zusammenpacke, gehört noch dazu.

Angst vorm Sprechen?

Prominenten-Umfrage

Eberhard Stanjek

1. *Was war Ihnen in der Schule lieber: die schriftliche oder die mündliche Prüfung?*

   Beides gleichermaßen.

2. *Haben Sie in ihrer Schulzeit gern Gedichte vor der Klasse aufgesagt?*

   Ja, auch gerne gesungen!

3. *Ist es Ihnen schon einmal richtig schwergefallen, vor einer Gruppe zu sprechen?*

   Nein.

4. *Warum zählt das Schriftliche mehr als das Mündliche?*

   Weiß ich auch nicht – ich würde es mindestens gleich bewerten. Vielleicht: schriftlich ist leichter »rot« anzustreichen!

5. *Sollte Rhetorik als eigenes Unterrichtsfach in den Lehrplan aller Schulen aufgenommen werden?*

   Ja, wäre hilfreich – z.B. Vorstellungsgespräch für Azubi's etc.

6. *Haben Sie einen Tip für junge Menschen, denen es schwerfällt, in der Schule »den Mund aufzumachen«?*

   Ja: nur keine Angst vor einer Blamage. Jeder macht Fehler – und Fehler sind menschlich, wirken oft sympathischer als Perfektion (auch im Fernsehen!)

Der erwartete Erfolg bleibt aus

»Was tun«, sprach Zeus, »die Götter sind besoffen.« So stöhnten wir oft, wenn wir nicht recht weiter wußten, wenn trotz aller Bemühungen der Erfolg ausblieb.

Wie schnell läßt du dich entmutigen, wenn etwas nicht so klappt, wie du dir es vorgestellt hast? Wie gut wirst du mit Frustrationen und Enttäuschungen fertig? Wie hart bist du im Nehmen?

Dieses Problem scheint in der Luft zu liegen. Ich fand dieser Tage einen hochinteressanten Bericht in einer bekannten Zeitschrift. Ich möchte dir gern ein paar Abschnitte daraus vorlesen:

Absturz vor dem Start

Flugschüler halten dem Streß der Ausbildung nicht stand. 37% klettern als Versager aus dem Cockpit. Schuld ist unser Schulsystem.

Fünf Uhr früh, Sheppard-Airbase/USA. Eben hat der theoretische Unterricht begonnen. Der Ausbilder deutet auf einen Luftwaffenleutnant, fragt: »Was ist zu tun bei Triebwerksausfall auf 2000 ft., Geschwindigkeit 400 Knoten?« Der junge Mann springt auf, läuft rot an, bringt keinen Ton hervor – black out. Eigentlich müßte er jetzt die notwendigen Maßnahmen wie ein Uhrwerk herunterrasseln können – er kennt sie auch –, doch im Moment geht nichts.

Draußen auf dem Rollfeld: Ein Jet-Anfänger sitzt neben dem Fluglehrer in einer »T 37«, der Ausbildungsmaschine. Takeoff zur Platzrunde. Die Maschine gewinnt kaum an Höhe. Der Flugschüler zeigt Nerven. Unruhig huschen seine Augen über die Instrumente, er zieht am Steuerknüppel – sieht nicht die drei Kontrolleuchten: Er hat vergessen, das Fahrwerk einzufahren. Der Fluglehrer muß eingreifen.

Zwei typische Situationen. Die Versagerquoten während der Ausbildung steigen mächtig an. Eine interne Analyse des Flugmedizinischen Instituts der Luftwaffe zeigt: Immer mehr Anwärter stürzen schon vor dem Start in die begehrte Piloten-Karriere ab. Die Zahl der »Durchfaller« hat sich in den letzten vier Jahren verdreifacht. Bemerkenswert sind die Gründe, die durch die Analyse zum Vorschein kommen:

Viele sind dem Streß und der Belastung nicht gewachsen, es mangelt an Konzentration, an der Toleranz gegenüber Mißerfolgen und vor allem an der Fähigkeit zur Mehrarbeit. Der Leistungswille hat sich verändert. Er ist mehr auf Kommerz ausgerichtet. Man wartet ab und fragt: »Was wird mir hier geboten?« Man muß und will sich nicht mehr durchbeißen. Wer das nie gelernt hat, wer sich das nie abverlangt hat, neigt dazu, aufzugeben, wenn's schwierig wird. Taucht dann plötzlich eine knallharte Belastung auf, führen Mangel an Entschlossenheit zum Handeln, Zaudern und Abwarten zwangsläufig zum Versagen. Oder wie Fluglehrer Andreas Fox sagt: »Eine Sekunde Zaudern vor einer fliegerisch notwendigen Maßnahme darf bei Höchstgeschwindigkeiten bis zu 900 km/h einfach nicht passieren, das entscheidet über Leben und Tod.«

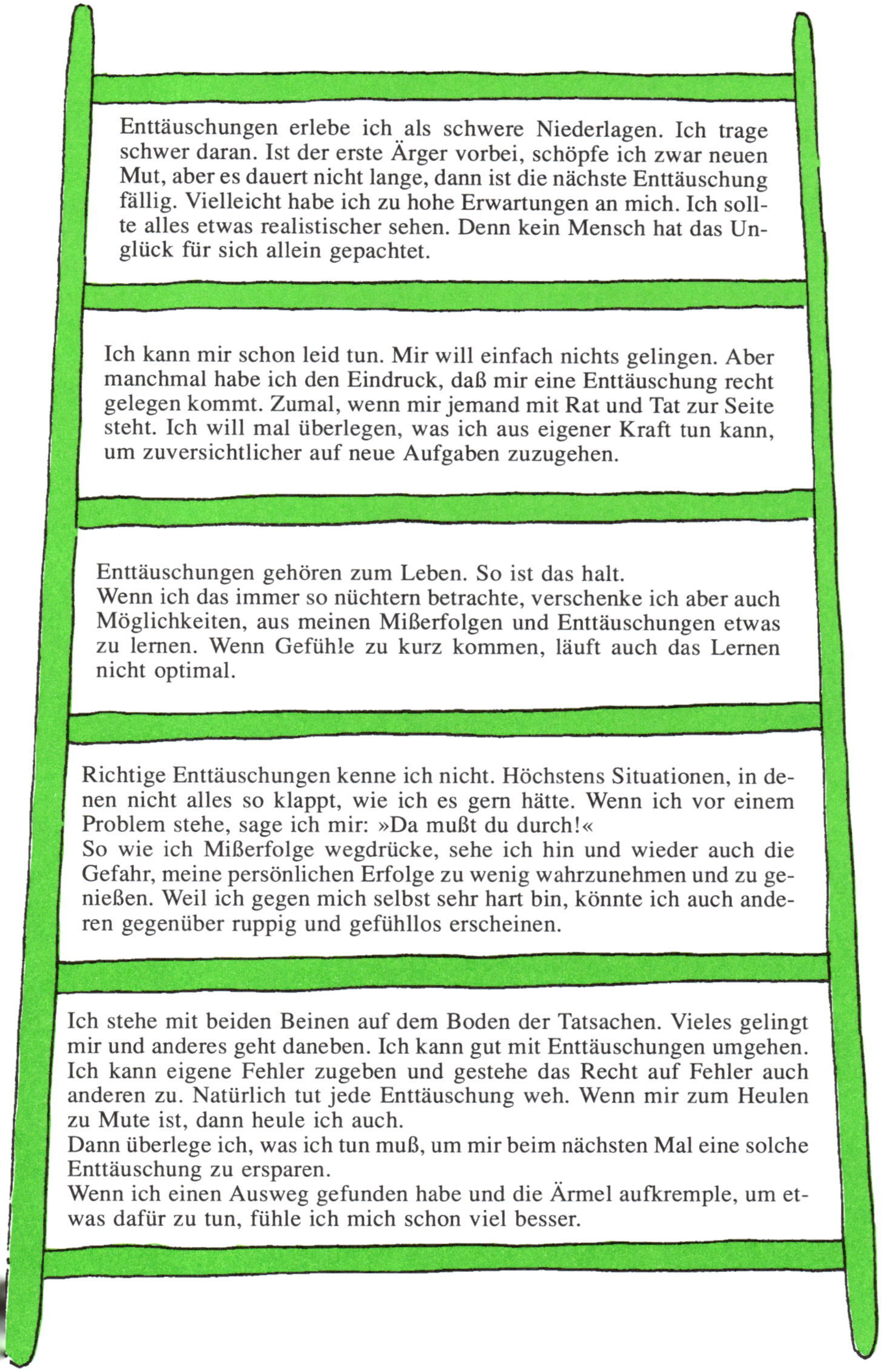

Wenn du mit einem mündlichen Beitrag im Klassenzimmer abstürzt, geht es ja glücklicherweise nicht so dramatisch zu. Trotzdem mag es dir manchmal so zumute sein. Nimm einen Mißerfolg als Herausforderung an. Trainiere deine Belastbarkeit.

Ich weiß, das ist leicht gesagt. Denn es gibt ziemlich sicher keinen Menschen, der das Gefühl, in einer hoffnungslosen Lage ohne sichtbaren Ausweg zu stecken, nicht schon einmal durchlebt hätte.

Entscheidend ist, wie du mit diesem Gefühl umgehst. Ich habe hier eine Mißerfolgsleiter gebastelt. Da geht es umgekehrt wie auf einer Erfolgsleiter. Der windigste, unsicherste Platz ist ganz oben. Auf der untersten Sprosse ist es am sichersten, da hast du schon bald wieder festen Boden unter den Füßen. Auf welcher Sprosse stehst du im allgemeinen?

Wenn Quakos ein Wetterfrosch wäre, wüßte er nicht mehr, auf welche Sprosse er sich setzen sollte. Wo setzt du ihn hin?

Wenn ich mir nicht zu viel vornehme, sondern meine eigenen Möglichkeiten realistisch einschätze, mir ein Ziel stecke, das ich auch erreichen kann, schütze ich mich am besten vor Enttäuschungen.

Wer sich nicht selbst herausfordert, sich nichts abverlangt, sich nichts zutraut, ist schon enttäuscht von sich, ehe er überhaupt mit einer Aufgabe angefangen hat. Ich schaue noch einmal in den Fliegerbericht von Anekdoteles: »Absturz vor dem Start«.

Enttäuschungen haben mit Gefühlen zu tun. Deshalb gehören sie zum Leben. Es zählt zum Erfolg, wenn ich mit Mißerfolgen umzugehen gelernt habe. Deshalb gehe ich einem möglichen Mißerfolg nicht schon kilometerweit vorher aus dem Weg. Ein gewisses Risiko gehört dazu. Wenn es dann geklappt hat, ist der Erfolg auch umso größer.

... und fühle mich nicht ernst genommen

Enttäuschungen gibt es selbstverständlich nicht nur in der Schule. Die Frage nach Erfolg und Mißerfolg stellt sich auch im persönlichen und ganz privaten Bereich. Zum Beispiel, wenn jemand oft veräppelt wird. In dem Punkt waren wir auch früher nicht zimperlich. Veräppelung war uns zu mickrig. Bei uns gab es gleich die Apocolocyntosis, auf gut deutsch: die Verkürbissung. Das waren ganz andere Kaliber, dagegen ist Veräppelung völlig harmlos. Ich will jetzt keine Beispiele bringen, sonst meinst du am Ende noch, ich wollte dich verar-kürbissen.

Wer sich nicht ernst genommen fühlt, empfindet das als persönliche Niederlage. Wer nicht ernst genommen wird, ist das Opfer, das mitleidig belächelt oder ganz offen lächerlich gemacht wird.

Ob jemand ernst genommen wird oder nicht, hängt dabei nicht unbedingt von ihm selbst ab, sondern von der Gruppe, in der er sich gerade aufhält. Nun ist es fast in jeder Gruppe so, daß jeder mal irgendwann dran ist, einen »Spaß vertragen« zu sollen. Das ist auch ganz in Ordnung. Wem es zu bunt wird, der verläßt die Gruppe und sucht sich eine bessere. In einer Klasse ist das aber nicht so ohne weiteres möglich. Zudem ist die Klassengemeinschaft eine ganz besondere Gruppe mit eigenen Gesetzen. Hier sind es nach kurzer Zeit schon immer die selben, die nicht ernst genommen werden. Drei Typen fallen dabei besonders auf: Der unsportliche Tolpatsch, der leistungsschwache Trottel und der engstirnige Streber.

Drei Typen, die nicht ernstgenommen werden:
– Der Tolpatsch
– Der Schwache
– Der Streber

Besonders hart trifft es den schulisch Schwächeren, wenn er sich bemüht, schlechte Klassenarbeiten durch mündliche Mitarbeit auszugleichen. Wenn er die sogenannten dummen Fragen stellt, wird er schnell als begriffsstutzig und unterbelichtet abgestempelt. Leider verstärken manche Lehrer das auch noch durch ihre Kommentare. Der schwächere Schüler ist meistens nicht in der Lage, sich durch sprachliche Gewandtheit zu wehren.

Anders beim Streber. Dessen wunder Punkt ist es, daß er so brav aussieht und sich so mustergültig verhält. So, wie man es eben von einem Streber erwartet: Mammas Liebling, Papas ganzer Stolz.

Ob du dich nun zu einem dieser Typen zählst oder allgemein das Gefühl hast, nicht anerkannt zu sein, du willst sicher wissen, wie du das ändern kannst.

Wer sich engagiert, wird ernst genommen

Wenn die anderen dir nicht zutrauen, daß du etwas wirklich Ernstzunehmendes fertig bringst, mußt du es ihnen beweisen. Gelegenheiten gibt es genug. Wie wäre es mit einem tollen Vorschlag für den nächsten Wandertag, einen Schullandheimaufenthalt, die Projekttage, einen Bazar oder eine gemeinsame Aktion?

Wenn du es nicht nur bei dem Vorschlag beläßt, sondern auch noch sagen kannst, wie er verwirklicht werden kann, werden manche Mitschüler/innen bestimmt hellhörig. Wenn du, zum Beispiel, nicht nur den Vorschlag machst, mit der ganzen Klasse einmal die Kripo, ein Tierheim oder einen Marzipanbäcker zu besuchen, sondern dich auch anbietest, das Ganze zu organisieren, hast du gute Karten in der Hand. Wenn du dich sogar vorher schon bei den betreffenden Stellen nach entsprechenden Möglichkeiten erkundigt hast, kannst du wirkliche Trümpfe ausspielen. Blättere mal im Branchenverzeichnis deines Telefonbuches. Das bringt dich bestimmt auf eine Idee, wie du eine spannende Geschichte inszenieren kannst. Es gibt genügend Chefs, die selber Kinder in der Schule haben und gern bereit sind, ihre Arbeit oder ihren Betrieb einer ganzen Klasse vorzustellen. Es muß ja nicht immer das professionelle Besichtigungsprogramm eines Großbetriebes sein. Ein Kunstschmied, ein Schreiner oder eine Modezeichnerin haben sicher genügend Interessantes zu erklären und zu zeigen.

Engagiert heißt auch: Gut informiert

Wenn du dich vorher schon erkundigt hast, kannst du deinen Vorschlag souverän anbieten. Begeistere ein paar andere von deiner Idee, damit sie deinen Vorschlag in der Klasse unterstützen. Zeige, daß es dir mit der Verwirklichung deines Vorschlags ernst ist. Dann wirst auch du ernst genommen.

Kommst du mit deiner Idee nicht an, beobachte genau, wer deinen Vorschlag madig macht. Diese oder diesen solltest du beim nächsten Mal zu Verbündeten machen. Du sprichst vorher allein mit Ihnen. »Was hältst du davon, wenn wir am nächsten Wandertag eine Käserei besuchen könnten? Ich könnte da was arrangieren.« Und wenn du zur Antwort bekommst: »Was soll der Käse?«, wüßtest du auf Grund deiner Informationen bestimmt, wie du dieses Programm schmackhaft machen könntest.

Bringt dann ein anderer einen wirklich besseren Vorschlag, bist du selbstbewußt genug, dich auch für diese Idee zu begeistern, obwohl sie nicht von dir ist. Wer sich kameradschaftlich verhält, wird auf lange Sicht auch ernst genommen. Schau mich an. Hätte ich sonst in meiner Aufmachung heute noch eine Chance?

Selbst Quakos möchte ernst genommen werden. Und er schafft es auch – auf seine Art.

- Wer andere mindestens so ernst und wichtig nimmt wie sich selbst, wird auch ernst genommen.

- Wer einen guten Vorschlag bringt und sich vorher schon erkundigt hat, wie er zu realisieren wäre, erntet Respekt und Anerkennung.

- Wer Initiative ergreift, wird leichter ernst genommen. Das gilt bereits für meine Initiative, als einzelner auf die Gruppe zuzugehen und nicht zu warten, bis die Gruppe zu mir kommt.

Auf andere zugehen

Gestern ging ich im Stadtpark spazieren. Auf einer Bank saßen vier starke Jungs. Zumindest wirkten sie so. Als ich an ihnen vorbeikam, quatschte mich einer von ihnen an: »Hey Opa, du bist doch Spezialist für ›Mündlich gut‹!? Haste mal 'n heißen Tip für mein nächstes Date?« Und ohne eine Antwort abzuwarten, raunzte mich der zweite an: »Mündlich gut, Mann, is ja irre!« Ich staunte nicht schlecht, als ich sie auf einmal erkannte. Das also waren die schüchternen Bubis, die am Vormittag so kleinlaut in der Schule saßen.

Schüchtern?

Ich glaube, es gibt viel mehr schüchterne Typen, als wir allgemein vermuten. Manche sind nur in der Schule so schüchtern, andere, wenn sie auf ein Mädchen oder einen Jungen zugehen möchten, und wieder andere sind überall schüchtern, sie riskieren nur daheim 'ne große Lippe.

Was die Jungs im Park nicht vermutet haben: Ich habe tatsächlich einen heißen Tip für deine nächste Verabredung, besonders, wenn es dein erster Date ist. (Bei Zeus, wir nannten das noch »Stelldichein« ...)

Der heiße Tip für einen Anfang: das Date-Spiel

Das Date-Spiel zeigt, wie man am besten aufeinander zugeht. Und außerdem erfährst du, was für ein Date-Typ du bei dieser Begegnung bist.

Wenn du das Buch zu deiner Verabredung mitnimmst, kannst du das Spiel im Jugendtreff oder Eiscafé gleich testen. Du brauchst nur zwei Pralinen oder zwei Stück Würfelzucker. Ihr sitzt euch am Tisch gegenüber und legt das Buch so zwischen euch hin, daß du als Mädchen oder Junge das richtige Startfeld vor dir hast.

Jetzt schiebt ihr abwechselnd den süßen Spielstein ein Feld weiter. Jeder schiebt nur sein eigenes Zuckerstück. Du darfst in jede Richtung ziehen, in die ein Pfeil zeigt. So wandert ihr aufeinander zu, ohne zu verraten, welches Tor ihr anpeilt. Wenn ihr euch dann tatsächlich am selben Tor trefft, ist die Freude groß. Wenn nicht, schaut euch mal die verschiedenen Wege gemeinsam an. Vielleicht wird dann manches klarer.

Für jeden Date-Typ ein eigenes Tor

Bevor es losgeht, läßt du dein Gegenüber aber bitte noch lesen, welches Tor für welchen Date-Typ gedacht ist.

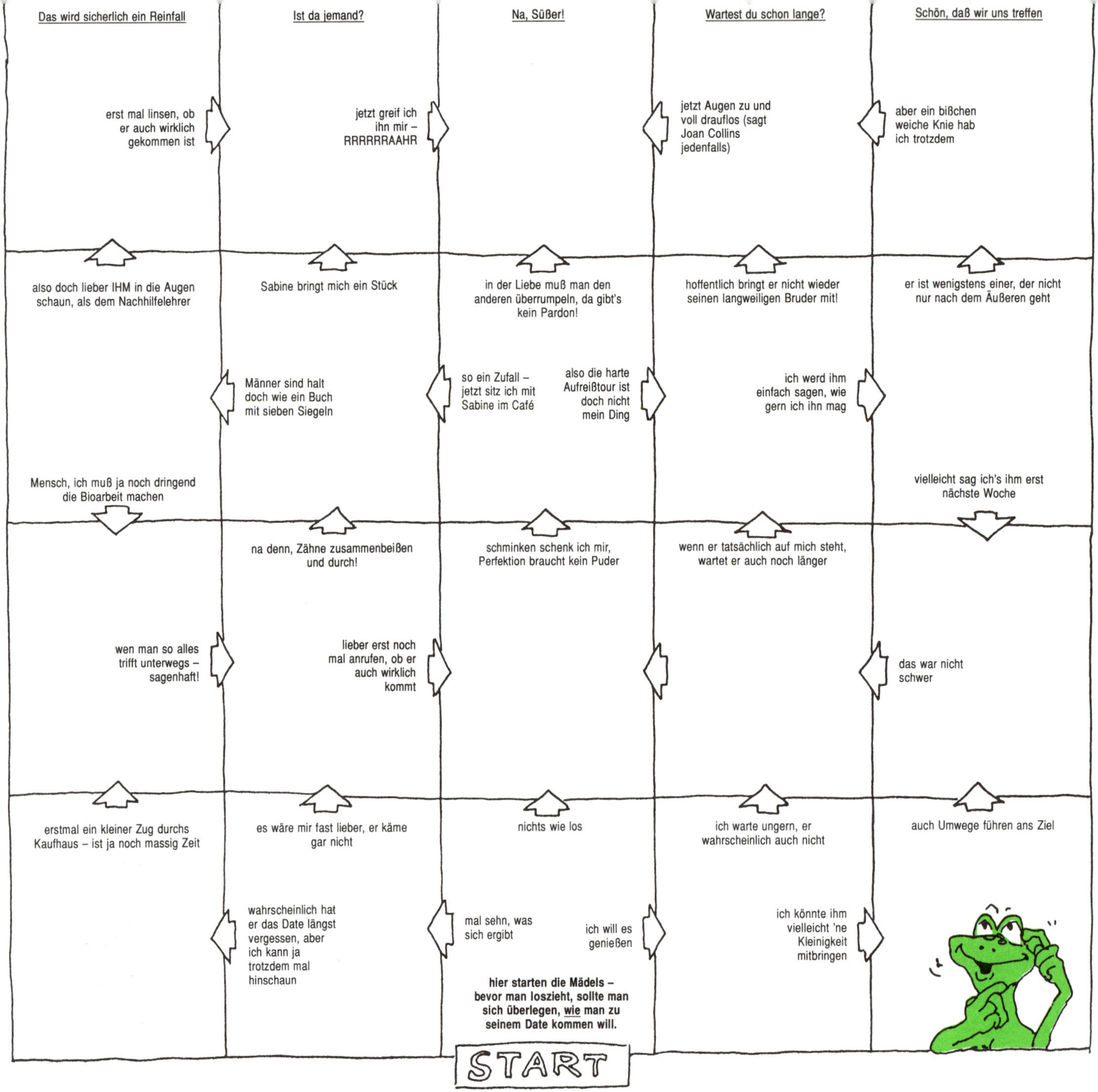

Das wird sicherlich ein Reinfall
Ist da jemand?
Na, Süßer!
Wartest du schon lange?
Schön, daß wir uns treffen
erst mal linsen, ob er auch wirklich gekommen ist
jetzt greif ich ihn mir – RRRRRRAAHR
jetzt Augen zu und voll drauflos (sagt Joan Collins jedenfalls)
aber ein bißchen weiche Knie hab ich trotzdem
also doch lieber IHM in die Augen schaun, als dem Nachhilfelehrer
Sabine bringt mich ein Stück
in der Liebe muß man den anderen überrumpeln, da gibt's kein Pardon!
hoffentlich bringt er nicht wieder seinen langweiligen Bruder mit!
er ist wenigstens einer, der nicht nur nach dem Äußeren geht
Männer sind halt doch wie ein Buch mit sieben Siegeln
so ein Zufall – jetzt sitz ich mit Sabine im Café
also die harte Aufreißtour ist doch nicht mein Ding
ich werd ihm einfach sagen, wie gern ich ihn mag
Mensch, ich muß ja noch dringend die Bioarbeit machen
vielleicht sag ich's ihm erst nächste Woche
na denn, Zähne zusammenbeißen und durch!
schminken schenk ich mir, Perfektion braucht kein Puder
wenn er tatsächlich auf mich steht, wartet er auch noch länger
wen man so alles trifft unterwegs – sagenhaft!
lieber erst noch mal anrufen, ob er auch wirklich kommt
das war nicht schwer
erstmal ein kleiner Zug durchs Kaufhaus – ist ja noch massig Zeit
es wäre mir fast lieber, er käme gar nicht
nichts wie los
ich warte ungern, er wahrscheinlich auch nicht
auch Umwege führen ans Ziel
wahrscheinlich hat er das Date längst vergessen, aber ich kann ja trotzdem mal hinschaun
mal sehn, was sich ergibt
ich will es genießen
ich könnte ihm vielleicht 'ne Kleinigkeit mitbringen
hier starten die Mädels – bevor man loszieht, sollte man sich überlegen, wie man zu seinem Date kommen will.
START

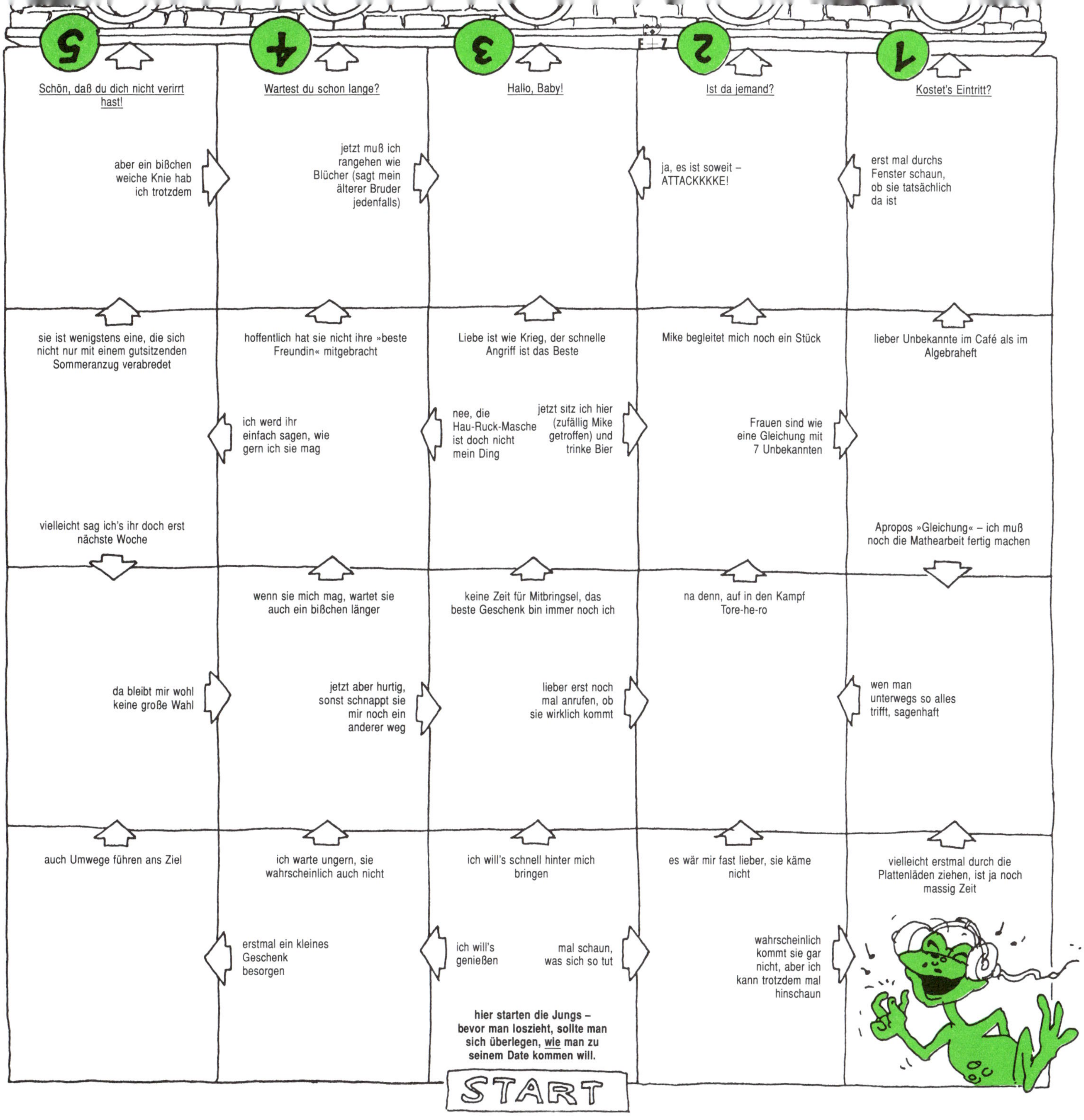

5
4
3
2
1
Schön, daß du dich nicht verirrt hast!
Wartest du schon lange?
Hallo, Baby!
Ist da jemand?
Kostet's Eintritt?
aber ein bißchen weiche Knie hab ich trotzdem
jetzt muß ich rangehen wie Blücher (sagt mein älterer Bruder jedenfalls)
ja, es ist soweit – ATTACKKKKE!
erst mal durchs Fenster schaun, ob sie tatsächlich da ist
sie ist wenigstens eine, die sich nicht nur mit einem gutsitzenden Sommeranzug verabredet
hoffentlich hat sie nicht ihre »beste Freundin« mitgebracht
Liebe ist wie Krieg, der schnelle Angriff ist das Beste
Mike begleitet mich noch ein Stück
lieber Unbekannte im Café als im Algebraheft
ich werd ihr einfach sagen, wie gern ich sie mag
nee, die Hau-Ruck-Masche ist doch nicht mein Ding
jetzt sitz ich hier (zufällig Mike getroffen) und trinke Bier
Frauen sind wie eine Gleichung mit 7 Unbekannten
vielleicht sag ich's ihr doch erst nächste Woche
Apropos »Gleichung« – ich muß noch die Mathearbeit fertig machen
wenn sie mich mag, wartet sie auch ein bißchen länger
keine Zeit für Mitbringsel, das beste Geschenk bin immer noch ich
na denn, auf in den Kampf Tore-he-ro
da bleibt mir wohl keine große Wahl
jetzt aber hurtig, sonst schnappt sie mir noch ein anderer weg
lieber erst noch mal anrufen, ob sie wirklich kommt
wen man unterwegs so alles trifft, sagenhaft
auch Umwege führen ans Ziel
ich warte ungern, sie wahrscheinlich auch nicht
ich will's schnell hinter mich bringen
es wär mir fast lieber, sie käme nicht
vielleicht erstmal durch die Plattenläden ziehen, ist ja noch massig Zeit
erstmal ein kleines Geschenk besorgen
ich will's genießen
mal schaun, was sich so tut
wahrscheinlich kommt sie gar nicht, aber ich kann trotzdem mal hinschaun
hier starten die Jungs – bevor man loszieht, sollte man sich überlegen, wie man zu seinem Date kommen will.
START

Tor 1 *Mißtrauische Mimosen*: Du bist entweder schon oft enttäuscht worden oder hast überhaupt eine recht negative Grundeinstellung. Denk daran, das Brot fällt viel öfters mit der Marmeladenseite auf den Teppich, wenn du sowieso schon damit rechnest.

Tor 2 *Ängstliche Zauderer*: Die ganze Zeit zerbrichst du dir den Kopf darüber, wie du dein Gegenüber am besten ansprichst, ob du überhaupt ein intensiveres Gespräch suchen sollst. Und überhaupt, du weißt nicht so recht.

Tor 3 *Forsche Draufgänger*: Du gehst wirklich ran. Du flirtest oft und gern. Ob diese Tour auch wirklich gut ankommt, kriegst du nicht immer mit.

Tor 4 *Einfühlsame Wesen*: Du hast keine Probleme, offen über deine Gefühle zu sprechen. Und dann sind die Gefühle des anderen dir oft wichtiger als deine eigenen. Zuviel Rücksichtnahme ist aber auch ein Zeichen von Unsicherheit.

Tor 5 *Unbekümmert Offenherzige*: Du bist eine Frohnatur, aufgeschlossen, geradlinig und frei heraus. Du steckst auch diejenigen mit deiner Offenheit an, die sich noch etwas schwerer damit tun. Aufpassen, daß du die anderen damit nicht überforderst.

Aber nun genug der Theorie – umblättern und hinein ins Date-Vergnügen!

In welchem Punkt bist du mit Quakos einer Meinung?

Das Date-Spiel scheint mir doch einen Versuch wert zu sein.

Also ich spiel' lieber Life style.
(Life style, Ravensburger Spiele)

So ein Schnickschnack ist nicht meine Wellenlänge.

Selbstbewußtsein ist gesund

»Wer angibt, hat's nötig.« Diesen Spruch habe ich schon oft gehört. Und ich kann ihn auch bestätigen. Wer anderen beweisen muß, wie stark und groß, toll und gescheit er ist, hat Angst davor, daß die anderen ihn als schwach und klein, mies und blöd empfinden. Der wirklich Starke muß seine Stärke nicht als Druckmittel einsetzen. Er besitzt sie. Er fühlt sich nicht durch jede Kleinigkeit bedroht, wo er sich wehren, seine Stärke verteidigen müßte. Stärke, die jemand unbedingt unter Beweis stellen muß, besitzt er nicht. Deshalb sind starke, selbstbewußte Menschen keine Angeber. Angeber haben nämlich ein schwaches Selbstwertgefühl. Sie brauchen und suchen ständig die Anerkennung ihrer Umgebung.

Wirkliche Stärke braucht keinen Beweis

Kannst du das auch bestätigen? Du kennst doch bestimmt auch ein paar Schreihälse oder »Lackaffen«. Erreichen diese Leute nicht genau das Gegenteil von dem, was sie eigentlich suchen? Hält man sie wirklich für so toll und stark, wie sie sich geben? Wenn du diese aufgeblasenen Typen mit Menschen vergleichst, die du echt bewunderst: Was für Unterschiede stellst du fest? Fällt dir auf, daß diese wirklich starken Typen andere fast nie angreifen und beleidigen – oder wie es bei euch heißt »zur Sau machen«?

Wenn sich jemand vor dir aufbläst, so heißt das nicht, daß er dich für klein und häßlich hält, sondern im Gegenteil. Wenn du dich nicht durch sein Gehabe beeindrucken läßt, hält er dich für die Stärkere oder den Stärkeren. Ärgerst du dich aber über sein Getue, dann hat er Erfolg gehabt. Jetzt kann er sich als der Stärkere fühlen. Wer sich schnell beeindrucken oder ärgern läßt, gilt als der Schwächere. Jemand, der sich über einen Angeber aufregt, muß zugeben, daß er sich von der scheinbaren Größe des anderen bedroht fühlt.

Auf Angeber reagieren nur die, die sich leicht beeindrucken lassen

Woran erkennst du den Unterschied zwischen Sein und Schein, krankhaftem und gesundem Selbstbewußtsein?

Mir sind an wirklich selbstbewußten Menschen vier Charaktereigenschaften aufgefallen:

Offenheit und Ehrlichkeit

1. Sie sind offen und ehrlich, sie haben keine Angst, sich so zu zeigen wie sie sind. Sie können über ihre Gefühle sprechen, vertreten ihre Meinung, sind zu Kompromissen bereit und können auch Nein sagen.

Kontaktbereitschaft

2. Sie haben keine Hemmungen, mit anderen ins Gespräch zu kommen. Sie sind kontaktbereit, gehen auf andere zu, drängen sich aber nicht auf.

Initiative

3. Sie sind aktiv und geben nicht sofort auf, wenn sie einen Mißerfolg einstecken müssen. Sie warten nicht ab, was andere für sie tun, sondern sie ergreifen selbst die Initiative.

Selbstachtung

4. Menschen mit gesundem Selbstbewußtsein achten sich selbst. Da ihnen bewußt ist, daß ihnen nicht alles gelingen kann, akzeptieren sie auch ihre Grenzen. Trotzdem bemühen sie sich nach besten Kräften, auch wenn sie sehen, daß andere besser sind. So behalten sie immer ihre Selbstachtung, ob sie nun gewinnen oder verlieren.

Auch Selbstbewußtsein kann man trainieren

Nun ist das Selbstbewußtsein keine Eigenschaft, die man einfach hat oder eben nicht, sondern wie fast alles in unserem Leben, kann auch das Selbstbewußtsein trainiert und gestärkt werden. Weil es für den persönlichen Erfolg eine so wesentliche Rolle spielt, möchte ich dir gern in den nächsten Runden ein paar bewährte Tips zuspielen.

Heute geht es um die *Kunst des Lobens*. Je ausgeprägter dein gesundes Selbstbewußtsein ist, desto leichter fällt es dir, andere zu loben. Wer seinen eigenen Wert kennt und schätzt, hat keine Angst, durch ein Lob an andere seine eigene Anerkennung zu schmälern. Im Gegenteil. Wer echt lobt – und das hat mit Schleimen nichts zu tun – gewinnt auch Sympathie und Anerkennung in seiner Umgebung.

Wer lobt, wird auch (selbst) anerkannt

Wer selbst zu selten gelobt wird, verlernt auch seinerseits das Loben mit der Zeit. Leider. Dann wäre es an der Zeit, die Kunst des Lobens wieder zu erlernen, anderen ein echtes Kompliment zu machen.

Nun ist aber Lob nicht gleich Lob. Ich will dir ein paar Beispiele erzählen, daß du verstehen kannst, was ich meine.

Nimm einmal an, du erlebst folgende Situationen: Du bringst eine gute Note nach Hause, hilfst in der Küche, räumst dein Zimmer auf und bist im Tischtennisturnier Vizemeister geworden. Daheim wirst du von drei verschiedenen Leuten dafür gelobt. Wer lobt am besten?

Du legst dein Matheheft mit der 2+ auf den Tisch. Nacheinander kommen drei Typen herein und singen ihre Lobeshymnen.

Typ A: Das hast du schon schön gemacht. Aber eine Schwalbe macht noch keinen Sommer. Ich bin mal gespannt, ob die nächste Arbeit auch so gut ausfällt.

Typ B: Toll! Komm, das müssen wir feiern. Ich lade dich auf ein Eis ein.

Typ C: Eine großartige Leistung! Es war aber auch wirklich an der Zeit. Du siehst, was es dir bringt, wenn ich mit dir übe.

Du hilfst freiwillig in der Küche, versorgst die Reste und räumst das Geschirr ein. Die drei Lobsänger schauen wieder nacheinander zur Tür herein.

Typ A: Das ist große Klasse, was du hier machst. Warum bist du nicht schon früher mal auf die Idee gekommen?

Typ B: Danke! Das ist grad wie ein Blumenstrauß für mich.

Typ C: Das ist nett, daß du hier freiwillig hilfst. Aber schau mal, wie das Besteck in der Schublade liegt. Jetzt darf ich alles nochmal neu sortieren.

Du hast dich endlich durchgerungen, dein Zimmer aufzuräumen und wieder geht die Türe dreimal auf.

Typ A: Ist ja toll! Endlich hast du es selbst eingesehen. Ich muß dich wirklich loben. Hoffentlich hält das aber auch ein Zeitlang an.

Typ B: Fühlst du dich jetzt selber wieder wohler? Ich habe schon gemerkt, daß es dir diesmal besonders schwer gefallen ist. Gratuliere, daß du es geschafft hast.

Typ C: Hast du es selbst gemerkt, daß das längst fällig war? Jetzt bin ich auch von mir aus wieder gern bereit, dir beim Aufräumen zu helfen.

Du kommst als Vizemeister vom Tischtennisturnier nach Hause. Dreimal bekommst du die verschiedenen Streicheleinheiten.

Typ A: Das ist ja eine beachtliche Leistung. Wenn du doch in Mathe nur halb so gut wärest ...

Typ B: Herzlichen Glückwunsch! Hast du schon einen schönen Platz ausgesucht, wo du die Urkunde aufhängen willst?

Typ C: Nicht schlecht! Da hat sich unser Training ja gelohnt. Ich trainiere gern weiter mit dir. Du weiß ja, daß ich damals Bezirksmeister war.

Ich nehme an, es ist keine Frage für dich, wem du den Lorbeerkranz für gutes Loben umhängen willst.

Was fällt dir an Typ A und was an Typ C auf?

Lob und Kritik passen nicht zusammen

Typ A kann nicht loben, ohne ein »Aber« oder eine Belehrung anzuhängen. Das ist ein großer Fehler, den viele beim Loben machen. Sie haben zu wenig Selbstbewußtsein, ein Lob und eine Anerkennung ohne jede Einschränkung zu verschenken. Eine Einschränkung läßt die Wirkung eines Lobes rasch verpuffen. Das ist genauso, als würde ein Rennfahrer seine Runden nur mit angezogener Handbremse drehen.

Ähnlich schlimm ist es, wie Typ C sein Lob ausspricht. Wer nicht loben kann, ohne sich selbst ins Spiel zu bringen, sollte sein Selbstbewußtseinstraining damit beginnen, dem anderen das Lob allein zu gönnen. Mach anderen ein Kompliment und warte nicht darauf, daß auch sofort für dich eines »herausspringt«. Genauso nimmst du bei einer anderen Gelegenheit ein Kompliment dankbar entgegen, ohne es postwendend erwidern zu wollen.

Und so verteilt jetzt Quakos seine Komplimente:

- Selbstbewußte Menschen haben es nicht nötig, ihre Anerkennung durch Angeberei zu suchen.

- Selbstbewußte Menschen loben gut und gern. Sie machen Komplimente ohne »Wenn« und ohne »Aber«.

- Mal sehen, wem ich heute noch ein dickes Kompliment mache.

Laß die anderen nur reden

Zu allen Zeiten bin ich Menschen begegnet, die sich von anderen herumstoßen lassen, jeden Ärger herunterschlucken und sich sogar entschuldigen, wenn sie angerempelt werden. Sicher keine Merkmale von Selbstsicherheit.

Ein anderes Signal von Unsicherheit ist es, wenn es jemand einfach nicht schafft, eine Bitte ohne langatmige und verschnörkelte Formulierungen auszusprechen. So hörte ich vor kurzem ein Mädchen eine Klassenkameradin fragen: »Du mußt doch nachher eine halbe Stunde auf deinen Bus warten. Hättest du da zufällig noch etwas Zeit?« Möglicherweise hatte sie ein paar Fragen zu den neuen Hausaufgaben. Sie traute sich aber nicht, ihren Wunsch klar zu äußern und sich so auszudrücken.

Bitten und Wünsche klar formulieren

Bei aller Zaghaftigkeit, die du vielleicht gut nachempfinden kannst, wäre es eine nützliche Übung, eine Bitte oder einen Wunsch wirklich auszusprechen und klar zu formulieren.

Klarheit verschafft Sicherheit. Unklarheit verunsichert.

Sich nicht verunsichern lassen

Sogar recht selbstbewußte Menschen lassen sich verunsichern. Da muß ich an meinen alten Schulfreund Xylophon denken, der sich hervorragend in der Tierwelt auskannte. Er rühmte sich immer, wie gleichgültig es ihm wäre, was wir über ihn redeten. Ich wollte ihm gern das Gegenteil beweisen und forderte ihn eines Tages heraus: »Wetten, daß du es nicht schaffst, in einer Minute zehn Tiere aufzuzählen und eine ganz typische Bezeichnung für ihre Stimme oder ihr Rufen zu nennen!?«

Wir wetteten um ein Stück Schafskäse und er legte los: »Der Hahn kräht – die Maus piepst.« Ich nickte zustimmend. Er überlegte kurz und fuhr fort: »Der Hund bellt – der Frosch quakt – das Pferd wiehert.« Ich kniff ein Auge zu, runzelte die Stirn und schüttelte den Kopf, sagte aber nichts. »Wieso?« fragte Xylophon, »stimmt das etwa nicht?« Ich zuckte stumm die Achseln, Xylophon dachte nach und wiederholte: »Das Pferd wiehert!« Ich tat wieder sehr erstaunt – da war die Sanduhr abgelaufen, und Xylophon war sauer.

Natürlich ist das ein übler Trick. Er zeigt aber, daß wir selbst recht einfache Aufgaben nicht gut lösen können, wenn unsere Umgebung kopfschüttelnd, abwertend oder negativ reagiert.

Meine Eltern, Geschwister, Freunde, Kameraden, Lehrerinnen und Lehrer sind sehr oft wie ein Spiegel für mich. In diesem Spiegel suche ich positive Signale. Ich brauche nämlich positive Reaktionen aus meiner Umgebung, damit ich mich selbst positiv sehen kann. Das hat großen Einfluß auf das, was ich tue oder wie ich es tue. Eigentlich möchten wir alle in den Augen unserer Umgebung möglichst positiv erscheinen. Ob ich nun besonders fleißig oder besonders faul bin, wie ich mich kleide, frisiere, schminke oder schmücke, ob ich etwas Tolles erzähle, ob ich anderen helfe oder sie ausnutze und ärgere, auf irgendeine Art suche ich Anerkennung.

Positive Signale suchen

Und ich finde am meisten Anerkennung bei den Dingen, die ich auch bei anderen anerkenne, schätze oder bewundere. Das heißt, ich schenke einem wirklich lieben Menschen nur das, was ich als Geschenk schätzen oder einschätzen kann. Eine Leseratte, die Bücher selbst sehr schätzt und deshalb gerne Bücher schenkt, bekommt Bücher geschenkt. – Ein selbstbewußter Mensch, der sich selbst schätzt und deshalb andere schätzt und anerkennt, findet damit Anerkennung. Wer Mißgunst, üble Nachrede und giftiges Gezänk austeilt, bekommt es »wie gewünscht« zurück. Was du bekommen möchtest, teile aus.

Positive Signale senden

Und das teilt Quakos aus:

- Klarheit verschafft auch Sicherheit. Wünsche und Bitten muß ich öfter klar aussprechen.
- Wir alle sind auf die Reaktionen unserer Umgebung angewiesen. Trotzdem achte ich darauf, mich nicht völlig davon abhängig zu machen.
- Was ich austeile, bekomme ich mit Zinsen zurück.

So setze ich mich durch

Wer möchte sich eigentlich nicht durchsetzen? Manche bekennen sich offen dazu, andere behalten es verschämt für sich, doch der Wunsch ist bei allen da. Jeder will sich durchsetzen. Doch was heißt es eigentlich: Sich durchsetzen?

Bevor du weiterliest, solltest du dir selbst darüber klar werden. Welche Person kennst du, von der du sagen könntest, daß sie sich durchsetzt? Lege jetzt das Buch aus der Hand und denke so lange darüber nach, bis du für dich eine befriedigende Lösung gefunden hast.

Nun, heißt »Sich durchsetzen« die stärksten Muskeln, die größte Klappe, den schönsten Körper, die teuersten Klamotten oder die einflußreichsten Eltern zu haben?

Muskeln setzen sich nur kurzfristig durch

Zugegeben, Großmaul und Muskelprotz haben immer ihre Chance, besonders für den Augenblick. Durchschlagende Wirkung besitzen sie schon, aber das reicht eben nicht ganz, um sich auf längere Sicht durchzusetzen. Besonders dann, wenn man sich näher kennenlernt. In der Gruppe setzt sich am ehesten durch, wer besonders aktiv und kontaktfreudig ist und wer es schafft, seinen Vorstellungen durch eigenes Tun zum Erfolg zu verhelfen. Wer nicht weiß , was er will, kann nie ein Ziel erreichen, denn er hat ja keines.

Wenn du dich durchsetzten willst, mußt du also zum einen wissen, was du durchsetzen willst, und zum anderen, wie du es durchsetzen kannst. Somit hängt es erst einmal von dir ab, deine Chancen zu nutzen. Das ist natürlich leichter gesagt als getan.

Was aber kannst du tun? Ich wüßte eine Antwort – nämlich die Frage: »Was tust du gern?« Liest du gern, malst du gern, unternimmst du gern was zusammen mit anderen, hörst du gern Musik, interessierst du dich für Sprachen?

Kannst du das auf Anhieb beantworten? Dann weißt du auch, was für ein gutes Gefühl es ist, wenn man etwas gern macht und gut kann.

Wenn du weißt, was du kannst, weißt du meist auch, was du willst. Zu-

Was du gern tust, machst du auch gut

mindest fällt dir dann eine Entscheidung leichter. Klare Entscheidungen sind notwendig. Nur so kannst du dich voll auf etwas konzentrieren und deine Energien wirkungsvoll einsetzen. Aufgeschobene Entscheidungen hingegen lähmen eher und verderben einem die Laune. Das fängt bei Kleinigkeiten an, wenn du beispielsweise nicht weißt, ob du dich mit deinen Freunden auf heute Nachmittag verabreden willst oder ob du besser noch etwas für die anstehende Mathearbeit üben solltest. Die Entscheidung muß klar sein. Es bringt nichts, mit Gewissensbissen den Nachmittag bei Freunden zu verbringen oder mit einer Mordslaune über Mathe zu brüten. Entweder – oder. Wer nicht durchsetzt, was er will, weil er nicht weiß, was er eigentlich will, ärgert sich hinterher am meisten über sich selbst.

Entscheide dich selbst

Bisher war fast nur von dir selbst die Rede. Wer sich und seine Vorstellungen durchsetzen will, muß aber bei den anderen gut ankommen und angenommen werden. Das gilt auch für eigene Ideen. Ich kann mich noch gut erinnern, als wir unseren ersten Wandertag geplant hatten. Das war das Ereignis, das ihr heute Klassenfahrt nennt. Ich habe vorgeschlagen, zum Reiten zu gehen. Ich kannte eine Stelle am Fuße des Olymp, wo es viele Esel gab. (Das hatte aber nichts damit zu tun, daß wir diesen Berg damals für den Wohnsitz der Götter hielten.) Alle waren begeistert. Und was glaubst du, wer den Wandertag organisieren sollte?

Genau! Ich natürlich.

Ideen einbringen – und dann umsetzen

Wer gute Vorschläge macht, findet bei anderen oft genug Gelegenheit, seine Ideen zu verwirklichen. Eine gute Chance, sein Organisationstalent unter Beweis zu stellen und neue Erfahrungen zu sammeln.

Die echte Bewährungsprobe aber, ob man sich durchsetzen kann, kommt allerdings erst, wenn man seine Überzeugung gegen andere vertreten muß. Wer hier nicht standhält und sich für seine Interessen einsetzt, gilt bald als Angsthase, Clown oder Großmaul. Das sind oft die Dummen, die für die anderen nur die Arbeit machen und anschließend auch noch den Dreck wegräumen. Sie werden nicht sehr ernst genommen, ihre Meinung zählt nicht sonderlich viel. Kein Wunder, denn wer nicht mal seinen eigenen Standpunkt vertreten kann, wird sich wahrscheinlich auch für andere nicht starkmachen können.

Deine Idee ist solange gut, bis sich eine bessere findet

Umgekehrt gilt natürlich auch, daß die Leute wenig sympathisch sind, die nur ihre eigenen Interessen durchsetzen wollen und sich immer nur fragen: Was können die anderen für mich tun?

Wer stets klein beigibt, braucht sich nicht zu wundern, wenn er am Ende selbst ganz klein ist. Andererseits muß man es den anderen nicht ständig beweisen, für wie stark man sich hält. Oft genug reicht es, wenn ich selbst davon überzeugt bin, daß ich es nötigenfalls kann. Und das kann ich mir selbst beweisen. Ein wichtiger Schritt in diese Richtung ist es, aus Überzeugung zu handeln und »Nein!« sagen zu können. Selbst wenn es mir im Moment unangenehm ist. Das fällt vielen Menschen sehr schwer, weil sie es nie gelernt haben.

Einmal bewußt: NEIN!

Du kannst es aber trainieren. Hier findest du ein paar Anhaltspunkte. Alle Fragen, auf die du ehrlich mit »Ja!« antworten mußt, kannst du dir als »Nein-Training« vornehmen:

- Läßt du dir in einem Geschäft manchmal Sachen aufschwätzen, die du eigentlich gar nicht kaufen willst?
- Fällt es dir schwer, gekaufte Sachen zurückzubringen und auf Mängel oder Fehler hinzuweisen?
- Du sitzt im Kino oder bei irgendeiner Aufführung (für die du auch noch Eintritt gezahlt hast!) und ständig stört dich jemand durch sein lautes Schwätzen. Erträgst du es lieber still für dich, als um Ruhe zu bitten?
- Bereitet es dir große Schwierigkeiten, mit einem Fremden von dir aus ein Gespräch anzufangen?
- Du hast an einer Freundin/einem Freund etwas zu kritisieren. Schiebst du die Kritik gern vor dir her und wartest ziemlich lange auf eine günstige Gelegenheit?
- Ist es schon länger als eine Woche her, daß du jemandem ein ehrliches Kompliment gemacht hast?

Quakos behauptet gern: »Wer sich durchsetzen will, braucht nicht in erster Linie Sitzfleisch, sondern Stehvermögen.« Hinter vorgehaltener Flosse fügt er hinzu (jetzt traue ich mich kaum, es wörtlich zu zitieren): »Trotzdem setzen sich sehr oft die größten Ärsche durch.« So gesehen, ist das ein Grund mehr, dieses Feld nicht einfach solchen Typen zu überlassen.

Wer sich durchsetzen will, muß sich klar entscheiden können. Ich muß erst mal selber wissen, was ich eigentlich will.

Wer gute Ideen nicht für sich behält, sondern begeistert einbringt, hat gute Chancen, daß seine Vorschläge angenommen werden.

Sage jeden Tag mindestens einmal ganz bewußt »Nein!« (Und wenn du es am Kühlschrank oder Fernseher zu dir selber sagst.)

Die geheime Macht des Spiegels

Wer bin ich?

Als ich heute morgen in den Spiegel schaute, fiel mir auf, daß meine Haare von Tag zu Tag weißer werden. Ein Spiegel ist schon ein eigenartiges Ding, das mir eine Menge über mich verrät. Ich sehe nicht nur, ob ich ordentlich gekämmt bin, sondern wie ich überhaupt aussehe. Mein Spiegel sagt mir sogar, ob ich unzufrieden, unsicher und unglücklich oder zufrieden, stark und glücklich bin. Insofern ist er ein Hilfsinstrument zur Selbsterkenntnis.

Ein Spiegel – zwei Bilder

Wir sehen uns im Spiegel sogar häufig anders, als die anderen uns sehen. Wir sehen uns aber oft so, wie wir meinen, daß die anderen uns sehen. Deshalb versuchen wir unbewußt, uns dem Bild anzugleichen, das die anderen von uns haben. Wenn ich also annehme, daß die anderen mich für häßlich oder langweilig halten, dann sehe ich tatsächlich alles nur durch diese Brille und erkenne in vielen Reaktionen der anderen, wie recht ich doch habe. Ich finde mich häßlich oder langweilig.

Natürlich gilt das auch umgekehrt. Finde ich mich liebenswert, entdecke ich in meiner Umgebung wie in einem Spiegel meine liebenswerten Eigenschaften. Das ist jedoch ein Spiegel, auf den ich Einfluß nehmen kann:

Respekt durch Sicherheit

1. Wo ich aufgeschlossen und sicher auftrete oder in die Runde schaue, blickt Respekt zu mir zurück. (Respekt heißt nicht nur Ehrfurcht, sondern zuerst einmal: zurückblicken, Rücksicht)

Anerkennung durch Klarheit

2. Habe ich eine Entscheidung getroffen, dann handle ich danach. Ich will mich nicht unentwegt deshalb rechtfertigen. Ich nehme mich und meine Entscheidung wichtig. Punkt.

Interesse durch richtigen Umgang mit Kritik

3. Ich lasse mich nicht gleich durch jede Kritik verunsichern. Oft genug sehe ich Kritik als Versuch einer intensiveren Begegnung, als Interesse an meiner Person. So kann ich meine Meinung offen sagen. Ich mache deutlich, welche Kritikpunkte ich annehme und welche ich – sachlich begründet – zurückweise.

4. Ansonsten kann ich Mißerfolge verkraften. Ich habe auch ein Recht auf Fehler. Irren und Fehler machen ist menschlich. (Keine Fehler machen ist unmenschlich!) Wer mit seiner Schwäche umzugehen versteht, beweist Stärke.

Werbespots für's »ICH«: Merkzettel am Spiegel

Siehst du diese Punkte als wichtig genug an? Dann schreibe doch einen passenden Spruch auf ein Zettelchen und klebe ihn auf deinen Spiegel. Der Spruch, den du täglich mehrmals siehst, erinnert dich immer wieder an das, was du lernen willst. Damit erinnerst du dich regelmäßig an deine innere Einstellung. Das ist eine Super-Werbung für dein Selbstbewußtsein.

Natürlich müßtest du die Zettel spätestens nach einer Woche auswechseln. Sonst schmecken sie wie abgestandenes Sprudelwasser.

Damit es dir beim Formulieren etwas leichter fällt, habe ich ein paar Aufkleber-Ideen zusammengestellt:

- Mich bringt nichts aus der Ruhe
- Ich gehe meinen Weg
- Ich schaffe es
- Ich kämpfe für meine Sache
- Ich trete aufgeschlossen und sicher auf
- Ich bin liebenswert
- Ich entscheide mich und handle danach
- Kritik verunsichert mich nicht – ich kann Kritik vertragen
- Wer reden kann, hat gut reden
- Ich gehe offen auf andere Menschen zu
- Ich bin selbstbewußt
- Nur wer sich selbst großartig findet, wird von anderen bewundert

Ich selbst arbeite auch sehr gern mit solchen Spiegelsprüchen. In meinem Flur hängt sogar ein Schränkchen mit der Aufschrift: »Das Wertvollste, was ich im Hause habe.« Bisher hat mich noch niemand besucht, der nicht gern gewußt hätte, was wohl in diesem Schränkchen steckt. Ich lasse alle hineinschauen. Weißt du, was sie dann sehen? – Sich selbst!

Manchmal schaue ich sogar selber gern in dieses Spiegelschränkchen.

»Das muß ich glatt ausprobieren – spiegelglatt!« meint Quakos und notiert sich ein paar Ideen. Ist wieder eine passende für dich dabei?

- Die Menschen, denen ich begegne, mit denen ich zu tun habe, sind wie ein großer Spiegel, in dem ich mich ganz gut erkennen kann.
- Ich schreibe mir ein paar starke Sprüche auf und mache sie zu meinen persönlichen Spiegelbildern.
- Ich besorge mir ein Schränkchen mit einem Spiegel drin.

Teure Klamotten als Image-Pflege

Machen Kleider Leute?

Die Kleidermode war bei uns kein besonders interessantes Thema. In der Schule trugen wir den Chiton. Das war ein hemdartiges Leinengewand. Als Festgewand hatten wir noch einen langen Chiton. Die Mädchen trugen immer einen langen Chiton. Fertig. Für junge Männer gab es allerdings noch die Chlamys, ein rechteckiges Wolltuch, das auf der rechten Schulter mit einer Nadel zusammengesteckt war. Jetzt fällt es mir wieder ein: Wir Jünglinge wollten immer eine möglichst farbenfrohe Chlamys haben. Nicht zuletzt, weil es das Gewand der Krieger und Reiter war. Du siehst, die Klamotten hatten doch etwas mit unserem Stolz zu tun.

Kleidung ist auch eine Form von Sprache

Natürlich kann man das mit heute nicht vergleichen. Manche familiäre Auseinandersetzung kann sich heute an der Kleiderfrage genauso entzünden wie an einer mißlungenen Mathearbeit. Kurz: Dein Outfit hat Gewicht.

Das Wichtigste gleich vorneweg: *Du* mußt dir in deiner Aufmachung gefallen, *du* mußt dich mit dem, was du äußerlich »zur Schau stellst«, auch innerlich im Einklang befinden. Wer sich aufbläst, als wäre er Michael Jackson persönlich, oder aufgezäumt daherkommt wie ein Zirkuspferd, daß selbst die Fürstin Gloria noch neidisch würde, macht sich höchstens lächerlich.

Auch hier hilft ein großer Spiegel bei der persönlichen Erfolgskontrolle. Kleidung spielt nun einmal, ob du das gut findest oder nicht, eine tragende Rolle.

Einklang oder Protest

Zwischen vielen Eltern und ihren Kindern bestehen große Meinungsverschiedenheiten darüber, was an Kleidungsstücken gerade noch tragbar ist. In aller Regel neigen die Eltern zu zweckmäßiger, eher konservativer, ihren finanziellen Möglichkeiten entsprechender Kleidung. Verständlich. Kinder protestieren gegen diese Geschmacksvorstellungen häufig mit dem Argument, sie müßten die Klamotten schließlich tragen. Deshalb wollen sie allein bestimmen. Auch verständlich.

Welches Gewicht hat bei euch daheim die Kleiderfrage? Welche Rolle spielt die Kleidung in unserer Gesellschaft? Ist es mehr als nur eine Frage des persönlichen Geschmacks, ob du dich bei grimmiger Kälte mit einem Kaschmirpulli oder einem Schafwolljanker wärmst?

Zunächst hatte und hat Kleidung die Funktion, die nackte Haut des Menschen vor Witterungseinflüssen und vor Verletzungen zu schützen. Im Lauf der Zeit haben sich jedoch weitere Funktionen dazugesellt. Kaufst du dir zum Beispiel Kleidungsstücke, die die Mehrzahl deiner Altersgenossen trägt, zeigst du damit gleichzeitig, daß du die Normen der Gesellschaft im großen und ganzen in Ordnung findest. Das gilt auch für das Gegenteil. Denke an die Punker, die durch ihre Aufmachung schockierend und unmißverständlich ihre Protesthaltung gegenüber der Gesellschaft ausdrücken wollten.

Das teure Krokodil

Kaufst du nur in Geschäften der gehobenen Preisklasse, bedeutet das nicht oder nicht nur, daß du eben italienische Eleganz liebst, sondern, daß du es dir auch leisten kannst, den in der Werbung so stark strapazierten »besonderen Geschmack« zu haben. Zweckmäßigkeit, Schönheit und individueller Geschmack können dann untergeordnete Bedeutung bekommen: teuer muß das Stück sein und als solches auch erkannt werden.

Machen also Kleider doch Leute? Was meinst du?

Kleider machen wohl Leute, doch keine Menschen. Ein Mensch kann so vielschichtig sein: selbstbewußt und doch wieder ängstlich, offen und dann doch wieder unzugänglich, vorausplanend und dann doch auch überraschend spontan – kurz: voller Widersprüchlichkeiten.

Kleidung ist Image – was darin steckt ist wichtiger

Letztlich prägt die Kleidung dein Image nur oberflächlich. Zum Problem wird die Kleiderfrage erst, wenn du glaubst, durch deine Kleidung mehr als nur einen ersten Eindruck verschaffen zu können und dich deshalb um deine eigene Persönlichkeit gar nicht bemühst. Oder wenn du dich als Gestriger, als Prolet oder Vogelscheuche fühlst, weil du dir keine teuren Klamotten leisten kannst.

Was tun, wenn dir die finanziellen Möglichkeiten fehlen, die andere in deiner Klasse haben oder zumindest vorgeben zu haben? Ich habe viele Menschen beobachtet und traue mich deshalb, dir folgende Gedanken anzubieten:

Dein Profil ist dein wichtigstes Outfit

- Finde dich damit ab, daß es immer Leute geben wird, die erheblich mehr Geld haben als du und deine Familie. Konzentriere dich auf dich und versuche, etwas aus dir zu machen, Profil zu entwickeln. Das kostet kein Geld, jedoch viel Mühe und Selbstkritik, ist dafür aber absolut inflationssicher.

Anerkennung und Freundschaft sind keine Frage des Bankkontos

- Entwickle ein konkretes Gegenkonzept zu den Leuten, die in deiner Klasse oder Gruppe durch ihre finanziellen Möglichkeiten einen Maßstab der Wertschätzung setzen wollen. Noble Kleidung, kostspielige Hobbys, ausgedehnte Fernreisen, Prachtvilla und Luxusauto allein sind keine tragfähige Voraussetzung für eine dicke Freundschaft.

- Denke einmal in einer ruhigen Stunde über dich und deine Fähigkeiten und Fertigkeiten nach (schulische Leistungen, Interessen, Hobbys), deine günstigen und auch weniger günstigen Eigenschaften (Aufgeschlossenheit,Hilfsbereitschaft oder Mißlaunigkeit, Bequemlichkeit), dein Äußeres (Figur, Haarschnitt, Kleidung) und deine Marotten (dieser berühmte Vogel, den jeder von uns auf seine Art hat) und entscheide dich dann, was du überhaupt daran ändern kannst und was du tatsächlich verändern willst.

Bevor du nun zum Telefon eilst, um dir Termine beim Hairstylisten, beim Visagisten, im Bodybuildingstudio, in der Selbsterfahrungsgruppe und bei der Agentur für Nachwuchstalente zu sichern, überlege nochmals, wer du sein willst:

- Ein in jedem Falle unvollkommenes Abbild eines Stars oder eines Freundes oder

Erst du selbst, dann deine Kleidung

- du, du selbst mit all deinen Fähigkeiten, Fertigkeiten, Charaktereigenschaften, Äußerlichkeiten und Marotten, nur eben ein bißchen freundlicher und zugänglicher, eine Idee gepflegter, ein klein wenig ehrgeiziger und fleißiger, eine Spur höflicher, einen Hauch nachgiebiger, eine Nuance freigebiger ...

Macht es dir noch viel aus, daß du dir die total irre Hose nicht kaufen kannst, weil dein Kleider-Budget restlos ausgeschöpft ist?

Obwohl Quakos dieses Problem nicht am eigenen Leib erfahren hat, denkt er dennoch nach:

Kleider machen wohl Leute, doch keine Menschen.

Besser hin und wieder eine leicht aus der Mode gekommene Pumphose als eine supermoderne nur auf Pump

Wünsche ich mir ein besonders tolles Kleidungsstück ganz sehnlich, könnte ich mir das nötige Kleingeld vielleicht durch einen Job verdienen.

Ich trage einen blöden Namen

Runde 29

Das witzige an meinem Schulfreund Xylophon war nicht nur, daß er so hieß, sondern er sah auch noch so aus. Er war ein derartig dürres Gestell, daß man alle seine Rippen einzeln sehen konnte – wie die Holzstäbe dieses berühmten Schlaginstrumentes.

Ich heiße Waldemar ...

Mein Name ist ein Teil von mir, er gehört zu meinem Image. Mit dem Namen, den du trägst, ist es wie mit deiner Kleidung – nur ein bißchen intensiver. Wenn er dir paßt, ist diese Runde kein Thema für dich.

Aber was glaubst du, was ich da schon alles erlebt habe! Schuhpisser, Knutschfleck, Liebetanz oder Ochsenbrust sind keine Erfindungen von mir, sondern Leute, denen ich begegnet bin.Und wie gehen wir mit diesen Namen um? Ganz ehrlich! Verbinden wir nicht allzugern mit dem Namen auch Vorstellungen, die wir auf die betreffende Person übertragen? Nach dem Motto: Heißt so, ist so und sieht auch so aus.

Bist du so, wie du heißt?

Die Vorstellung, daß die Eigenschaften eines Namens sich auf den Namensträger übertragen, stammt ursprünglich aus dem Bereich der Magie. Hinter der Namensgebung stand der Wunsch, daß der betreffende Mensch die in dem Namen beschworenen Eigenschaften auch besitzen und entwickeln möge. Nomen est omen – der Name ist Vorbedeutung. Sozusagen schicksalbestimmend.

Merk-würdige Namen

Umgekehrt war es bei vielen Indianerstämmen üblich, einen Namen erst dann zu vergeben, wenn der zukünftige Träger sich durch charakteristische Fähigkeiten auszuzeichnen begann. So lassen sich Namen wie »Adlerauge« oder »Kleiner Bär« erklären. Aber auch in deinem Geschichtsbuch findest du treffende Beispiele: Ludwig der Fromme, Richard Löwenherz, Karl der Kahle, August der Starke oder Störtebeker.

Selbst der Klang eines Namens kann eine bestimmte Wirkung ausüben. Schönklingende Namen, auch wenn sie keinerlei Bedeutung haben, wirken attraktiv und lösen Sympathie aus. Das ist auch der Hauptgrund dafür, daß sich viele Künstlerinnen und Künstler einen anderen Namen zulegen, ein sogenanntes Pseudonym. Udo Jürgens, zum Beispiel, kannte ich schon, als er noch Manfred Böckelmann hieß.

Was aber tun all die anderen, die weder von Geburt her einen schönen Namen besitzen, noch einen wohlklingenden Künstlernamen in Aussicht haben, sondern sich nur seit Jahren schon über ihren Namen ärgern?

Vorab ein Trost: Auch der »schlimmste« Name bietet einen Vorteil. Er fällt auf, weil er merkwürdig ist. Das heißt, die Leute halten ihn für würdig, ihn sich zu merken.

Namen haben Geschichte und Bedeutung

Namen kann man sich nicht aussuchen, und bevor man sich darüber ärgert, sollte man sich informieren, was sie eigentlich bedeuten. Der nicht wahnsinnig beliebte Name Herbert beispielsweise heißt ursprünglich »der im Heer Glänzende«. Eine Bezeichnung, die nur geachteten und bewährten Männern zuteil wurde. Viele Namen, die heute leicht lächerlich wirken, haben einen sehr ernsten und würdigen Ursprung. Wenn man dies weiß, hilft es einem vielleicht, besser mit dem eigenen Namen umzugehen. Namenbücher, die du in jeder Buchhandlung findest, geben dir hier interessante Informationen (z.B. Reclam's Namenbuch).

Wer seinen Namen komisch findet, sollte einmal im Telefonbuch blättern. Telefonbücher sind eine wahre Fundgrube für ausgefallene Namen. Du findest bestimmt einen, mit dem du nicht sehr gerne tauschen würdest.

Bau dir einen eigenen Namen: Die Kurzform

Eine beliebte Form der Namensänderung ist eine Kurzform deines Vornamens. Nenn ihn so, wie du ihn gern hören würdest. Wenn du Adelgunde heißt und Addi genannt werden willst, korrigiere alle, die das ignorieren und dich zum Beispiel Gundi nennen.

Das gilt auch, wenn du einen ausländisch klingenden Namen hast. Bewußt oder unbewußt werden diese sehr oft falsch betont oder verballhornt. Wem geht schon der Name Zymaniak, Chi-Seng oder Elmszras problemlos über die Lippen? Und wie leicht wird aus einem Kowalski ein Krawallski, besonders dann, wenn der Betreffende einem solchen Namen alle Ehre macht.

Dein Name gehört (zu) dir

Nun, auf jeden Fall darfst du auf der korrekten Aussprache deines Namens bestehen. Jeder hat das Recht, mit seinem Namen angesprochen zu werden. Und das schließt ganz selbstverständlich die richtige Aussprache mit ein. Hier darfst du auch Lehrerin und Lehrer so oft korrigieren, bis sie es gelernt haben.

Das Wichtigste zu diesem Thema: Lerne, etwas Selbstverständliches als solches anzunehmen. Du heißt so, wie du heißt. Fertig. Egal ob Vor- oder Familienname. Oder würdest du mit mir tauschen wollen? – Anekdoteles!?

»Quakos ist auch ein ziemlich bescheuerter Name«, bemerkt mein kleiner Freund zu diesem Thema. Trotzdem legt er Wert auf diese Punkte:

- Mit meinem Namen kann ich ganz gut leben.
- Ich lege Wert darauf, daß man meinen Namen nicht verballhornt, sondern richtig ausspricht.
- Um meinen Namen mache ich mir nicht so viele Gedanken. Im übrigen kann sich durch eine Heirat alles ändern.

Angst vorm Sprechen?

Prominenten-Umfrage

Petra Schürmann-Freund

1. *Was war Ihnen in der Schule lieber: die schriftliche oder die mündliche Prüfung?*

   Auf jeden Fall die mündliche. Und nicht nur, weil man sich so besser »rausreden« konnte. Man konnte besser taktisch operieren, die Miene des Prüfers studieren und notfalls von einer ganz anderen Richtung aus von vorne anfangen. So gingen die Argumente nicht so schnell aus.

2. *Haben Sie in ihrer Schulzeit gern Gedichte vor der Klasse aufgesagt?*

   Sehr gern sogar. Noch lieber war mir allerdings, aus drei bis vier sogenannten Reizworten aus dem Stand eine Geschichte zu erzählen.

3. *Ist es Ihnen schon einmal richtig schwergefallen, vor einer Gruppe zu sprechen?*

   Eigentlich nicht, denn in meinem Elternhaus wurde die Diskussion sehr gepflegt. Wenn ich allerdings von der Materie nichts verstehe, habe ich schon heftiges Herzklopfen. Als Moderatorin aber habe ich gelernt, mich immer vorher ein wenig einzuarbeiten und Wissenslücken wortreich zu verstecken.

4. *Warum zählt das Schriftliche mehr als das Mündliche?*

   Weil das Schriftliche unwiderrufbar ist. Und es ist mehr so etwas wie ein Offenbarungseid des Wissens.

5. *Sollte Rhetorik als eigenes Unterrichtsfach in den Lehrplan aller Schulen aufgenommen werden?*

   Unbedingt, die Sprachlosigkeit vieler Menschen tut mir fast körperlich weh. Vielleicht haben sie sogar gute Gedanken. Was hilfts, wenn sie sich nicht artikulieren können.

6. *Haben Sie einen Tip für junge Menschen, denen es schwerfällt, in der Schule »den Mund aufzumachen«?*

   Ein beliebiges Thema auf Tonband formulieren und sich anschließend selber kontrollieren. Noch besser wäre es auf Video, weil man seine Gestik und Mimik gleich mitkontrollieren kann.

Ich stehe nicht so gern im Rampenlicht

Der Begriff »Image« ist mir jetzt schon oft begegnet. Es war davon die Rede, was alles zu diesem »Bild« von mir gehört: Kleidung, Frisur, Make up, das Auftreten und überhaupt die ganze Art, mich darzustellen. Das ist nicht nur in der Schule so. In einem Magazin für Manager habe ich vor kurzem gelesen: »Wer etwas erreichen will, muß sich auch richtig präsentieren.« Manchmal scheint das sogar durch Schaumschlagen zu gelingen. Auf dieses Stichwort meldet sich Quakos immer gleich zu Wort. Er hat mir seine Lebensrettungsstory schon tausendmal erzählt:

»Es war an einem wunderschönen Frühlingstag, als mein Freund Quaki, jämmerlich ertrank. Wir waren beide in einen Eimer mit Sahne gefallen...« Du kennst die Geschichte ja auch schon, wie Quakos sein Leben durch Schaumschlagen gerettet hat.

Schaumschlagen hilft aber nur, wenn es etwas zum Schlagen gibt. Wo keine Substanz vorhanden ist, wird auch nichts fest, selbst wenn man noch so lange rudert und schlägt. Solche Schaumschläger sind für alle eine Qual. Wer zu allem und jedem glaubt, seinen Kommentar abgeben zu müssen, wird rasch als Schwätzer entlarvt. Großes Maul und nichts dahinter. Nur Fassade ist arg wenig.

Erfolg = Können + Schau

Wer aber was zu bieten hat, sollte es auch zeigen. Jede Band macht heute nicht nur Musik, sondern zieht gleichzeitig ihre Show ab. Sportliche Leistungen werden als Schau vorgeführt. Schau als der i-Punkt des Könnens, als die Kunst, seine Leistung wirkungsvoll zu präsentieren. Es genügt oft nicht, nur Leistung zu bringen. Leistung darf und soll auch entsprechend in Szene gesetzt werden. Allerdings passen bei einer guten Schau Inhalt und Verpackung zusammen. Es wäre unfair, einen Pferdeappel in Geschenkpapier zu wickeln und jemanden als »Golden Delicious« anzubieten. Umgekehrt wäre es genauso besch...eiden.

Profis sind auch Verpackungskünstler

Gute Inhalte sollen auch gut verpackt werden. Beobachte nur die Leute, die dieses Handwerk verstehen. Glänzen sie durch übertriebene Bescheidenheit?

Ich habe eine Zeitlang einigen Profis auf die Finger und aufs »Maul« geschaut. Folgendes ist mir dabei aufgefallen:

1. Eine gute Schau blendet nicht, ist nicht nur Schein.
2. Ein Profi überspielt nicht seine Schwächen, sondern beweist sein Können.
3. Wirkliche Könner verstecken sich nicht, stellen ihr Licht nicht unter den Scheffel.
4. Eine gute Show ist Darbietungskunst. Sie hat Niveau.
5. Seine Leistung darzustellen ist Öffentlichkeitsarbeit für die eigene Person.
6. Lob und Applaus sind einem Profi nicht peinlich.
7. Könner leisten sich nur da eine Schau, wo sie auch wirklich etwas leisten können.
8. Könner lassen sich die Schau nicht von Schaumschlägern stehlen.
9. Könner zieren sich nicht. Sie warten nicht immer, bis sie gefragt werden. Sie melden sich zu Wort, wenn sie etwas zu sagen haben.
10. Schließlich können Könner aber auch auf eine Schau verzichten.

Findest du außer dem 10. Punkt noch andere, »Schau-Gedanken«, die du von einem Profi übernehmen möchtest? Überlege dir, welche ersten Schritte du unternehmen willst. Vielleicht mußt du damit beginnen, dich weder innerlich noch äußerlich dafür zu entschuldigen, daß du da bist. Fühlst du dich immer und überall als die oder der Zukurzgekommene oder Unterlegene, solltest du diesem Gefühl mit der Frage begegnen: Wo bin ich besser oder besser dran als andere? Wenn du das gefunden hast, dann zeige es und sprich es aus. Ein Angeber wirst du deshalb noch lange nicht.

Findest du einen Gedanken, den du durch einen Quakos-Aufkleber besonders hervorheben möchtest?

Und was packst du richtig ein?

Wer etwas erreichen will, muß sich auch richtig präsentieren.

Schaumschlägerei ist nichts Erstrebenswertes. Dennoch kann sie gelegentlich hilfreicher sein, als sich zu verkriechen und aufzugeben.

Blumen, die kein Licht bekommen, verkümmern. Wer sich öfter zu Wort meldet und mitredet, hat auch mehr Chancen, sich ins rechte Licht zu setzen.

Reserviert

Wo die besten Plätze sind

»Platz da!«

Immer wieder die gleichen Szenen. Kaum hat der Bus angehalten, und wird die Türe geöffnet, schon drängeln sich alle mit Gewalt hinein. Verständlich, daß jeder einen Sitzplatz bekommen möchte. Aber selbst dann, wenn für alle genügend Platz ist, bleibt die Drängelei die gleiche. »Halt mir einen Platz frei ... Beleg die ganze hintere Bank!« rufen viele aufgeregt, die noch draußen stehen. So wichtig wie das Mitkommen selbst, scheint es auch zu sein, sich einen der beliebteren Plätze zu sichern. Daß vorne gute Sicht, in der Mitte erhöhte Sicherheit und hinten die Superstimmung ist, gilt sicher nicht nur für Busfahrten.

Vorne, hinten oder dazwischen?

Schon bei uns gab es im Theater immer ein Drängeln um die besten Plätze. Dafür haben sich einige stundenlang vor der Aufführung angestellt. Bei wichtigen Wettkämpfen im Stadion war es noch viel schlimmer. Alle wollten das Geschehen möglichst aus der Nähe verfolgen.

In vielen Bereichen kann ich das auch heute noch beobachten. Wer in einem Parlament ganz hinten sitzt, gilt allgemein als Hinterbänkler. Und in der Schule reden manche Lehrer ironisch von Bildungsgefälle und meinen damit die hinteren Bänke.

Offensichtlich ist Dabeisein doch nicht alles. Es kommt auch auf den Platz an, ob du vorne oder hinten sitzt.

Sicher hast du den Spruch von Lehrern, Pfarrern oder Trainern schon gehört, wenn sich bei einer Veranstaltung alle in die letzte Reihe drängeln: »Die besten Plätze, meine Herrschaften, sind noch frei – hier vorne!« Die meisten Menschen glauben das nicht so recht. Sie möchten gern zwischen sich und dem, der da vorne steht, eine gewisse Distanz haben. Angst vor feuchter Aussprache ist meistens nur ein lustiger Vorwand.

Informativ: Die erste Reihe

Andererseits ist es nun mal so, daß man in den vorderen Reihen wirklich besser hört und sieht. Wenn du mit dem Hören oder Sehen Schwierigkeiten hast, solltest du auf keinen Fall aus falscher Eitelkeit auf einen der vorderen Plätze verzichten.

Im Unterricht stehen die meisten Lehrkräfte vor der Klasse. Dabei wird die erste Reihe leicht übersehen. Hier bist du also vor dem Lehrer »ziemlich sicher«. Das Lehrerauge richtet sich besonders auf die zweite Reihe und das Mittelfeld. Mir fällt auf, daß gerade hier die »Macher« einer Klasse sitzen, die Klassensprecherin, der Klassensprecher, die Schülerinnen und Schüler, die sich am häufigsten melden.

Für Mitmacher: Das Mittelfeld

An zweiter Stelle steht die Fensterreihe. Diese liegt, vom Lehrer aus gesehen, meistens auf der rechten Seite. Ich habe beobachtet, daß Lehrerinnen und Lehrer sehr oft in diese Richtung schauen.

Ungestört abtauchen: links hinten

Je näher du, von der Tafel aus gesehen, an der linken Wand sitzt, oder je weiter hinten du einen Platz hast, desto »geborgener« kannst du dich fühlen. Du überblickst alles vor dir und kannst auch mal hinter den Rücken deiner Vorderleute wegtauchen, was bei Tests und Klassenarbeiten beruhigend wirken kann. Der Nachteil dieser Plätze ist es, daß man nicht alles mitbekommt, wenn die Klasse sehr laut ist und einige Lehrer nicht für genügend Ruhe sorgen. Hier läßt man sich leichter ablenken und schaltet am Ende einfach ab. So ist die Mehrarbeit hinterher meistens schon vorprogrammiert.

Eine runde Sache: Redner und Zuhörerkreis

Fast alle Unterrichtsformen in der Schule bestehen aus Sprechen und Zuhören. Ein Prinzip, das auch in unserem alten Theater die wichtigste Rolle spielte. Deshalb waren die Sitzplätze in einem Halbrund um die Orchestra, dem kreisrunden Bühnenplatz, gruppiert und stiegen stufenweise nach hinten an. Das Auditorium Maximum, der größte Hörsaal einer Universität, ist heute noch ganz ähnlich angelegt. Im Englischen heißt Hörsaal daher auch lecture theater. Diese Bauweise ist für eine große Zuhörerschaft sehr zweckmäßig und folgt dem einfachen Prinzip, daß sich Menschen zum Zuhören natürlicherweise gern in einem Halbkreis um einen Redner versammeln. Das kannst du zum Beispiel in einer Fußgängerzone gut beobachten. Wenn Straßenmusikanten ihr Konzert beginnen, baut sich ihr Zuhörerkreis allmählich auf. Die ersten Leute werden nicht direkt vor dem Straßenkünstler stehenbleiben, sondern irgendwo seitwärts in einigem Abstand. Erst wenn mehr Leute dazukommen, schließt sich auch die Lücke direkt vor dem Musiker.

Zuhörerkreise bauen sich ganz allgemein nicht von der Mitte aus, sondern von den Rändern her auf. Warum ist das so? Vielleicht, weil die Leute in dieser Situation selbst noch unsicher und unentschlossen sind und sich deshalb nicht so frontal vor dem Künstler aufbauen. Vielleicht auch, weil sie fühlen, daß sie von der Seite her dem Musiker in gewisser Weise zur Seite stehen.

Auch wenn du (noch) unsicher bist: Laß dich nicht an den Rand drängen

Diese Zuhörerpsychologie gilt grundsätzlich auch für die Schule. Wenn das Hauptaugenmerk des Lehrers sich auf die Mitte richtet, kann das, was sich am Rande abspielt, leicht aus seinem Blickfeld geraten. Im direkten Blickfeld des Lehrers zu sitzen ist vielen Schülerinnen und Schülern unangenehm, es hemmt sie in ihrer Leistung. Anderen macht das nichts aus. Im Gegenteil, sie fühlen sich herausgefordert und zu größerer Mitarbeit angespornt. Auch das hat etwas mit Sicherheit und Selbstsicherheit zu tun. Mußt du zum Beispiel auf der Post eine Paketkarte ausfüllen, während der Schalterbeamte dir auf die Finger schaut, wirst du in aller Ruhe Anschrift und Absender eintragen, wenn du dich selbstbewußt und sicher fühlst. Empfindest du das Beobachtetwerden als Kontrolle, läßt du dich dadurch verunsichern, so wird deine Schrift immer krakeliger. Hastig willst du fertig werden und bist froh, wenn du wieder draußen bist. Dann wäre es kein schlechtes Training, wenn du Situationen suchst, wo du dir freiwillig auf die Finger schauen läßt, ohne nervös zu werden. Genieße es, wenn du beobachtet wirst. Das kann man lernen.

In diesem Sinne liegen die besten Plätze in einem Dreieck mit einem Winkel von 45° vom Lehrer aus betrachtet.

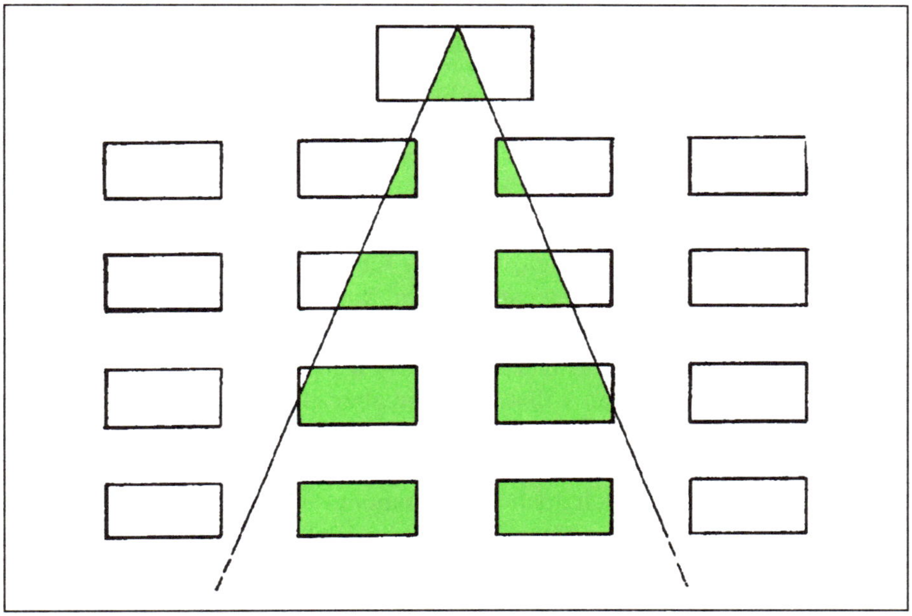

Im toten Winkel ist nichts los

Als langfristig weniger günstig erweisen sich tote Winkel. Zwar kannst du hier relativ gut abschalten und den Unterricht Unterricht sein lassen, es ist aber auch schwieriger, sich von hier aus am Unterrichtsgeschehen aktiv zu beteiligen. Wenn du dich des öfteren meldest, und der Lehrer das gar nicht zu bemerken scheint, sitzt du möglicherweise in einem toten Winkel.

Auch dein Banknachbar gehört zu deiner Lernumgebung

Regelmäßig zum Schuljahresanfang gibt es den Kampf um die begehrten Plätze. Da habe ich schon manche tragische Szene erlebt, wenn Freund oder Freundin nicht nebeneinander sitzen konnten. Das ist verständlich. Denn das Lernklima wird davon stark beeinflußt. Ob du in der Nähe von motivierten Kameraden oder in einer Ecke bei wenig interessierten Quasselstrippen sitzt – beides wird auf deine eigene Leistungsbereitschaft abfärben.

Was erwartest du von guten Nachbarn? Daß sie dir manchmal beim Abhören vorsagen oder bei Klassenarbeiten helfen? Das spielt bestimmt eine Rolle. Vielleicht ist es aber wichtiger, wie sie sich verhalten, wenn du eine schlechte Note bekommst. Sind sie schadenfroh oder können sie sich in dich hineinversetzen?

Gute Nachbarn arbeiten zusammen

Macht es dir etwas aus, wenn deine Nachbarin oder dein Nachbar in der Schule besser ist, oder sitzt du lieber neben schwächeren Leuchten? Helft ihr euch gern gegenseitig? Daran erkennt man einen guten Nachbarn am besten. Wer nur mit dir schwätzt und Blödsinn macht, lenkt dich ab und hindert dich in deinem schulischen Fortkommen. Du mußt deshalb noch lange keine Musterschülerin oder ein Streber werden. Es wäre aber schade, wenn am Zeugnistag aus einem guten Nachbarn nachträglich doch ein schlechter geworden wäre.

Schlechte Nachbarn erkennst du leicht daran, daß Rücksicht ein Fremdwort für sie ist. Sie stören, wo sie können. Sie gehen nicht nur Lehrern, sondern auch dir auf die Nerven. Wenn es für dich zur Qual wird, hilft nur noch die Flucht. Setze dich woanders hin, wo es dir besser gefällt, oder tausche mit jemandem. In manchen Klassen geht das problemlos, in anderen mußt du vorher mit dem Klassenlehrer darüber sprechen. Sag ihm einfach, daß du dich versetzen willst, bitte ihn aber gleichzeitig, daß er daraus kein öffentliches Thema macht. Der Wunsch nach einem Platzwechsel ist nämlich ein heikles Thema.

Vielleicht könnt ihr euch doch untereinander einigen. Manche Probleme lassen sich durch ein gutes Gespräch aus der Welt schaffen. Ich habe eine kleine Checkliste zusammengestellt, in der du abhaken kannst, was dir an deinem Banknachbarn auffällt.

Habt ihr sogar den Mut für einen kleinen Partnertest?

Der Nachbar-Checkup

Mein/e Nachbar/in ...	Immer	Manch-mal	Nie
... kann nicht ruhig dasitzen			
... redet auf mich ein			
... läßt mich abschreiben			
... sagt vor			
... will mir nichts erklären			
... kann gut erklären			
... macht sich über mich lustig			
... macht mich vor allen lächerlich			
... ist ungewaschen und stinkt			
... zwickt, boxt oder schlägt mich			
... schwänzt die Schule			
... überredet mich zum Mitmachen bei unerfreulichen Aktionen			
... beteiligt mich, wo ich gern mitmachen möchte			
... macht mich vor Klassenarbeiten nervös			
... gibt mir die Hausaufgaben zum Abschreiben			
... ist in der Klasse beliebt			

Eine gute Klassengemeinschaft besteht aus guten Nachbarn

Eine pfundige Klassengemeinschaft fängt mit guten Nachbarn an. Viele gute Nachbarschaften prägen einen Teamgeist, von dem man noch nach Jahren schwärmt. Wo ich mich wohlfühle, wo mir manchmal sogar das Lernen Spaß macht, ist auch der Erfolg am größten. Eine solche Klasse ist wie eine Fußballmannschaft klasse. Der legendäre amerikanische Fußballtrainer Vince Lombardi sah darin sogar das eigentliche Erfolgsrezept: »Was den Unterschied zwischen Mittelmaß und Spitze ausmacht, ist die Sympathie füreinander. Die meisten Leute nennen es Teamgeist. Wenn Spieler diese echte Zuneigung füreinander empfinden, dann kann man sicher sein, daß man eine siegreiche Mannschaft hat.«

Und jetzt gibt Quakos sein »Platzkonzert«:

- Ich stelle mich einmal bewußt dahin, wo der Lehrer meistens steht. Ich betrachte meinen Platz aus seiner Perspektive.
- Ich lege Wert auf gute Nachbarschaft.
- Es lohnt sich, einen guten Platz bewußt und gezielt auszusuchen.

Runde 32

Wenn verschiedene Meinungen aufeinanderprallen

Richtig streiten ist konstruktiv

Miteinander – nicht aneinander vorbei

»Menschen lieben sich auseinander – aber sie streiten sich zusammen.« Wenn Kurt Tucholsky, der das gesagt hat, schon bei uns im alten Athen gelebt hätte, wäre ihm ein dicker Applaus dafür sicher gewesen. Bei aller Ironie bringt er doch wunderbar zum Ausdruck , daß ein fairer Streit ein besseres Mittel ist, einander ernst zu nehmen als ein liebenswürdiges Getue. Deshalb spricht man bei einem guten Streitgespräch auch von einer fruchtbaren Diskussion. Um dieses Ziel zu erreichen, gibt es Spielregeln oder besser: Gesprächsregeln. Die meisten sind zwar uralt, aber immer noch gültig. Zum Beispiel die erste und wichtigste: Zuhören. Das hat nicht nur etwas mit den Ohren zu tun. Dazu gehört vielmehr die Einstellung meinem Gesprächspartner gegenüber. Solange ich sie oder ihn nicht als Partner akzeptiere, sondern als Feind betrachte, lasse ich sie nicht richtig ausreden, falle ihnen ins Wort oder überschreie sie. Wir reden dann »herrlich« aneinander vorbei. Das können auch manche Lehrer recht gut. Ich habe schon viele dabei ertappt, daß sie bei einer Frage an die Klasse nur auf die passende Antwort warteten. Sie »verschwendeten« keinen Gedanken an eine Schüleräußerung, die nicht gleich in ihr fertiges Konzept paßte.

Für alle, die sich ein gutes Gespräch wünschen, ob Dialog oder Diskussion, habe ich wieder eine Faust-Regel notiert:

1. Zuhören, andere ausreden lassen, mitdenken und an die vorgetragenen Äußerungen anknüpfen.

2. Fragen statt behaupten. Wer am anderen und seiner Meinung interessiert ist, stellt Fragen, ohne die Antwort immer selbst zu geben. Behaupte weniger mit »Ich!« und frage mehr mit »Du?«

3. Wer wirklich zum Dialog bereit ist, stellt auch Fragen an sich selbst. Wer fähig ist, sein vermeintliches Wissen, seine fertigen Urteile in Frage zu stellen, zeigt dem anderen seine Wertschätzung.

Persönliche Angriffe sind tabu

4 Wer sachlich argumentiert, greift andere nicht persönlich an. Schon gar nicht mit Hinweisen, die überhaupt nicht zum Thema gehören.

Das bessere Argument sicht

5 In einer guten Diskussion streiten *Partner* miteinander, nicht Feinde. Ich akzeptiere den besseren Vorschlag, das stärkere Argument, auch wenn sie nicht von mir sind.

Behauptungen müssen überprüft werden

Wird in einer Diskussion munter drauflos behauptet, so erkundige dich nach Beweisen, nach Quellen. Oft genug wirst du erleben, daß Zahlen, Statistiken oder Rekorde sich als Bluff herausstellen. Durch diese Methode ist schon mancher notorische Vielredner als Schaumschläger entlarvt worden.

Halten sich aber alle an die Faustregel für faires Diskutieren, dürfen verschiedene Meinungen ruhig aufeinanderprallen, ohne daß ein gutes Klima in der Klasse darunter leiden muß. Im Gegenteil.

Stimmt's oder bist du da entschieden anderer Meinung?

Ein faires Streitgespräch ist erfrischender als schleimiges Gesäusel.

Wer gut und gerne diskutiert, weiß nicht immer alles besser und hat etwas gegen Vorurteile.

Kleinkarierte Rechthaberei macht klein und häßlich.
Wer Kritik und Widerspruch vertragen kann, zeigt echte Größe.

Auf dem Ohr höre ich nichts

Vier Ohren – vier Botschaften

Weißt du, daß du eigentlich vier Ohren hast? Nein, ich denke überhaupt nichts Unanständiges, wie ich es kürzlich auf einem Schulhof hörte: »A... mit Ohren!«

Nimm einmal an, du willst mit einer Freundin ins Kino gehen. Vorher trefft ihr euch in einem Café auf einen kurzen Plausch. Ein alter Bekannter von dir kommt dazu und plaudert mit dir. Plötzlich fragt deine Freundin: »Weißt du wieviel Uhr es ist?« – Jetzt kommt es auf das Ohr an, auf dem du am besten hörst.

Information

Du schaust auf die Uhr, erschrickst und sagst: »Au ja, viertel vor Acht!« Dann hast du die Frage mit deinem *Informationsohr* gehört. Du hast gehört, daß eine sachliche Antwort gefragt war.

Beziehung

Antwortest du: »Ja, du hast aber auch immer eine Angst, zu spät zu kommen – oder bist du etwa eifersüchtig!?« Dann hättest du die Frage über dein *Beziehungsohr* verstanden. Hier wird es schon heikler. Du hörst aus der Frage nach der Uhrzeit einen Vorwurf heraus. Es geht nicht mehr sachlich um die Uhrzeit, sondern um euer Verhältnis zueinander.

Selbstdarstellung

Noch komplizierter wird es, wenn du gewohnt bist, Fragen überwiegend mit deinem *Selbstdarstellungsohr* zu hören. Auch hier spielt die Uhrzeit eine untergeordnete Rolle. Wer so fragt, stellt nicht die Frage, sondern sich selbst in den Mittelpunkt. Und verstärkt dadurch gleichzeitig seine Hörgewohnheit auf dem Selbstdarstellungsohr. »Weißt du, wieviel Uhr es ist?« kommt nicht als Frage, sondern nur als Botschaft an: »Ich will jetzt gehen!«

Auftrag

Eine vierte Reaktion könnte so ablaufen: »Ja, wir gehen ja schon!« So jemand hört hauptsächlich auf seinem *Auftragsohr*. Du fühlst dich zum Handeln aufgefordert. Für dich war die Frage eine Aufforderung.

Die Frage aber war jedesmal die gleiche: »Weißt du, wieviel Uhr es ist?«

Jeder hat sein Hauptohr

Jeder von uns hört auf einem Ohr besonders gut, auf einem anderen vielleicht überhaupt nichts. Im Laufe seiner Entwicklung hat sich jeder Mensch auf sein Lieblingsohr spezialisiert. Leute mit einem großen Informationsohr deuten alle Fragen in Richtung sachlicher Information. Hat aber jemand mit einem großen Beziehungsohr die Frage gestellt, erwartet er auf seine Frage gar keine sachliche Antwort. Die Auskunft: »Viertel vor Acht!« macht ihn höchstens wütend. Dabei hat er auf seine Frage die klarste aller denkbaren Antworten bekommen.

Bekommen Leute mit einem großen Auftragsohr diese nüchterne Antwort, sind sie beleidigt. Menschen mit einem großen Selbstdarstellungsohr wollen keine Antwort auf ihre Frage, sondern möchten erreichen, daß die oder der Gefragte sich persönlich äußert – zufrieden, glücklich oder schuldbewußt.

Auf dem falschen Ohr erwischt: Versteckte Botschaften

Ist die Frage auch noch unklar formuliert, enthält sie von vornherein eine versteckte Botschaft, wird das Problem perfekt. Das betreffende Ohr sucht sich etwas Passendes heraus. Es deutet, was zwischen den Blumen gefragt oder gesagt wurde. Um möglichst das Richtige zu treffen, suche ich weitere Orientierung. Wie passen der Tonfall, der Gesichtsausdruck und die ganze Körperhaltung mit den tatsächlich gesprochenen Informationen überein? Wer mir mit herzerfrischendem Lachen sagt: »Du bist aber auch ein schrecklicher Kerl!« drückt sich genauso widersprüchlich aus wie jemand, der mir das Kompliment »Großartig!« macht, nachdem ich ihm den Kaffee über die Hose gekippt habe. Aus solchen Zwickmühlen befreit uns unser Spezialohr. Dieses Spezialohr ist eine Art Verstärker, mit dem ich Zwischentöne empfangen kann, die ich nur mit meinem ausgeprägten Informations-, Beziehungs-, Selbstdarstellungs- oder Auftragsohr gar nicht wahrgenommen hätte.

Es geht also nicht nur darum, *was* jemand zu uns sagt, sondern wie er es vermutlich meint. Wenn Sender und Empfänger sich nicht leiden können, ist es besonders schlimm. Dann gibt es auch noch das Gegenteil: Wer verliebt ist »bis über beide Ohren« (oder sogar über alle vier!), hat kaum eine Chance, ganz genau nur das zu hören, was ihm in eines seiner Ohren gesagt oder gesungen wird.

Gute Zuhörer hören auf allen Ohren

Höre öfter mal in dich hinein, auf welchem Ohr du besonders gut hörst und auf welchem du geradezu taub bist. Wenn du dich auf das Ohr konzentrierst, das bisher immer zu kurz gekommen ist, kannst du schon bald viel besser hören.

Wer gut zuhört, versteht mehr – und kann besser mitreden.

Wie verstehst du diese Quakos-Sprüche?

Erscheint mir eine Botschaft irgendwie verschlüsselt, frage ich sachlich nach: »Wie meinst du das?«

Ein Ohr ist mir zu wenig – vier sind mir zu viel.

Das gibt spannende Beobachtungen: Auf welchem Ohr sind die Menschen um mich herum besonders hellhörig – und auf welchem sind sie taub? (Ob ich mir danach selber einen »Satz neuer Ohren« wünsche?)

Angst vorm Sprechen?

Prominenten-Umfrage

Heinz Rühmann

1. *Was war Ihnen in der Schule lieber: die schriftliche oder die mündliche Prüfung?*
   Die mündliche.

2. *Haben Sie in ihrer Schulzeit gern Gedichte vor der Klasse aufgesagt?*
   Ja.

3. *Ist es Ihnen schon einmal richtig schwergefallen, vor einer Gruppe zu sprechen?*
   Nein.

4. *Warum zählt das Schriftliche mehr als das Mündliche?*
   Weil es verantwortungsvoller ist!

5. *Sollte Rhetorik als eigenes Unterrichtsfach in den Lehrplan aller Schulen aufgenommen werden?*
   Ja.

6. *Haben Sie einen Tip für junge Menschen, denen es schwerfällt, in der Schule »den Mund aufzumachen«?*
   Nein.

Morgen werde ich abgefragt

Ich habe schon Notizzettel gefunden, an denen hätte Aphrodite, die Göttin der Schönheit und der sinnlichen Liebe, ihre wahre Freude gehabt. So verschnörkelt und verziert waren sie mit mehrdeutigen Sprüchen und Ornamenten.

Wo steckt dein Wissen?

Wie hältst du es mit deinen Notizen? Hol' sie doch einmal hervor. Hattet ihr heute Bio, Erdkunde oder Geschichte? In irgendeinem Fach hast du doch bestimmt mitgeschrieben, oder? Wie oft kannst du auf folgende Fragen mit »Ja« antworten?

	Ja	Nein
Habe ich ohne größere Anstrengungen meine Notizen überhaupt finden können?		
Habe ich die Notizen in ein Heft oder ein Ringbuch geschrieben?		
Sind meine Notizen übersichtlich?		
Kann ich mich beim Überfliegen meiner Mitschrift sofort wieder an den behandelten Stoff erinnern?		
Könnte ich mit den Notizen in der Hand den Stoff in einem Kurzvortrag wiedergeben?		
Könnte jemand, der nicht im Unterricht dabei war, mit meinen Notizen etwas anfangen?		
Bilden meine Notizen eine sinnvolle Ergänzung zum entsprechenden Kapitel im Lehrbuch?		

Mußtest du öfter »Nein« sagen? Dann ist das deine Runde. Wenn du mich fragst, ob ich Mitschreiben im Unterricht für sinnvoll halte, müßte ich dir antworten: »Ja und Nein.«

Mitschreiben: Pro ...

Ja, wenn du durch das Anfertigen deiner Notizen noch konzentrierter und intensiver zuhörst, den Stoff dabei gleich aktiv verarbeitest und auf diese Weise schon teilweise speichern kannst.

... und Contra

Nein, wenn du so wenig notierst, daß am Ende der Stunde nur zwei, drei Begriffe verloren und zusammenhanglos auf dem Blatt stehen, oder wenn du aus Angst, etwas ungemein Wichtiges könne dir entgehen, pausenlos schreibst und übers Mitschreiben nicht zum Mitdenken kommst.

Gute Notizen sparen Zeit

Wer viel in seinem Gedächtnis speichern soll, muß sich Notizen machen. Gute Notizen ersparen Zeit und Mühe bei der Nachbereitung. Und dann ist ein guter Notizzettel, wie ein guter Spickzettel, ein nützliches Instrument für eine optimale Vorbereitung.

Aus den nützlichsten Beispielen, die mir zu Gesicht gekommen sind, habe ich ein paar Tips abgeleitet, die ich gerne weitergebe:

Groß genug

- Ringbuchblätter, kariert oder liniert in großem Format (DIN A4) verwenden.

Lesbar

- Leserlich und übersichtlich schreiben und dabei großzügig Zwischenräume lassen.

Übersichtlich

- Gliederung des Stoffes und des Vortrags erkenntlich machen: Stichpunktartig die wichtigsten Aussagen und Informationen untereinander auflisten. (Wer, wo, wie, was, warum?)

Platz für Ergänzungen

- Freigelassene Zwischenräume für Ergänzungen beim Nacharbeiten benützen.

Ein bewährtes Beispiel für die Blattaufteilung:

Und richtig eingeteilt

Feld G: Grundnotizen

Wichtige Aussagen,
Namen, Daten

Feld T: Top-Begriffe

Leitgedanken,
Überschriften

Feld S: Sammelfeld

Literaturhinweise,
eigene Fragen,
Querverweise

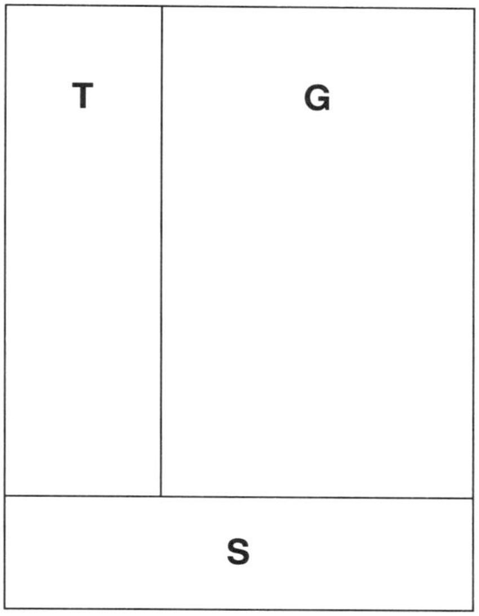

Teste einmal dieses Schema.

In *Feld G* notierst du im Unterricht nur Stichpunkte, die dir wichtig erscheinen.

Feld T bearbeitest du grundsätzlich zu Hause. In dieses Feld trägst du passende Leitgedanken zu deinen Grundnotizen ein. Hier formulierst du eigene Stichwörter oder kurze Überschriften für einzelne Abschnitte.

In *Feld S* schreibst du ergänzende Informationen, verweise auf entsprechende Seiten im Schulbuch, eigene Gedanken und Fragen, die noch offen blieben.

Notizen als Unterrichtsvorbereitung und als »Spickzettel«

Wenn du dir ausrechnen kannst, daß du in der nächsten Stunde ausgefragt, abgehört wirst, spielst du diese Prüfungssituation zu Hause durch. Mit Hilfe deiner Notizzettel hältst du einen Kurzvortrag über diesen Stoff. Hast du

Lust, wieder mal mit dem Kassettenrecorder zu arbeiten? Wenn du deinen Vortrag aufnimmst, hast du eine wunderbare Selbstkontrolle. Nach der gleichen Methode kannst du dir auch ein neues Kapitel aus einem Buch erarbeiten.

Auf den ersten Blick erscheint das sicher recht aufwendig und zeitraubend. Auf den zweiten Blick wirst du sehen, daß sich der Aufwand lohnt. Arbeitest du nach dieser Methode, gibt es nur eine Enttäuschung: Wenn du am nächsten Tag nicht drankommst und abgefragt wirst.

Das sind Quakos' Notizen zu diesem Thema:

- Obwohl Notizzettel »Zettel« heißen, dürfen sie nicht lose zwischen Heften und Büchern herumfahren – sie verlieren sonst zuviel an Gewicht und Nutzen.

- Notizzettel, die hinterher nicht mehr bearbeitet werden, sind ziemlich wertlos. Schon beim ersten Notieren muß ich genügend Platz für Ergänzungen freilassen.

- Notizzettel sind Papierverschwendung und belasten die Umwelt.

Wenn ich den schon sehe ...

»Stachelschwein, Schleimfisch, Beutelratte, Stinkwanze«, sind noch die harmlosesten Tiernamen, die ich behalten habe. Ich weiß nicht mehr, auf welchem Schulhof ich sie gehört habe. Ich weiß nur noch, daß von irgendwelchen Lehrern die Rede war. War das vielleicht in eurer Schule?

Ich mag dich, ich mag dich nicht, ...

»Mir wird schon schlecht, wenn ich den schon sehe!« So höre ich viele Schüler über manche ihrer Lehrer stöhnen. Ich glaube aber, daß dieser Stoßseufzer nicht nur für Lehrer reserviert ist. Auch unter den Klassenkameraden gibt es sicher solche, mit denen du kaum ein Wort wechselst, denen du lieber aus dem Weg gehst.

Wie kommt es eigentlich dazu, daß man bestimmte Leute auf Anhieb sympathisch findet und andere wieder genauso rasch in die Schublade »Kannste vergessen!« steckt? Klar, wenn du überlegst: Deine Freunde mögen vielleicht dieselbe Musik wie du, schwärmen für dieselben Stars, haben ähnliche Ansichten oder Hobbys. Sie haben oder können etwas, das du an ihnen bewunderst. Kurz: Ihr liegt auf derselben Wellenlänge. Doch wie findest du das heraus? Das meiste erfährst du ja erst, wenn du schon eine zeitlang mit ihnen zusammen bist, ihr euch also schon näher kennengelernt habt.

Auf Anhieb (un-)sympathisch)

Wie war das am Anfang? Erinnerst du dich an deine erste Begegnung mit deiner Freundin oder deinem Freund? War es ein Blick, eine Geste, eine Bemerkung, die dich auf sie oder ihn aufmerksam machte? Vielleicht war es etwas Besonderes, und du kannst dich daran erinnern. Wahrscheinlicher aber ist, daß du diese erste Begegnung schon längst wieder vergessen hast. Inzwischen verbinden euch ganz andere Erlebnisse. Trotzdem – wäre dieser erste Augenblick nicht gewesen, ihr hättet euch vielleicht nie richtig kennengelernt. Jemand, der mir gleich zu Beginn unangenehm auffällt, bekommt oft keine zweite Chance mehr.

Ich habe einen kleinen Test vorbereitet. Unter den Bildern findest du eine Reihe von Eigenschaftswörtern. Kannst du jeder dargestellten Person spontan eine dieser Eigenschaften zuordnen?

Gesichter-Lotto

verlegen
hochnäsig
fröhlich
sportlich
langweilig
ausgelassen
unfreundlich
traurig
frech
erstaunt

Erwartest du eine Auflösung des Tests? Wenn ja, welche? Die Einschätzung, die du getroffen hast, ist deine persönliche. Ein anderer an deiner Stelle hätte sich vielleicht ganz anders entschieden.

Aus dem ersten Eindruck wird schnell ein Vorurteil

Interessant ist allerdings, daß du nach kurzem Hinschauen, allein von einem Foto her, Eigenschaften verteilen konntest. Nichts von dem, was die hier abgebildeten Menschen in ihrem Leben tun oder nicht tun, konnte dabei eine Rolle spielen. Darüber ist ja nichts bekannt.

Kannst du herausfinden, warum du dich im einzelnen für diese Eigenschaften entschieden hast? Waren es die Krawatte, die Nickelbrille, die langen oder kurzen Haare, die dicke Nase? Oder einfach nur eine Ähnlichkeit mit einer Person, mit der du schon besonders gute oder schlechte Erfahrungen gemacht hast?

Wenn dir ein paar Gründe für deine getroffene Wahl einfallen, siehst du daran, wie sehr wir auf solche Ersteindrücke reagieren. Niemand von uns ist ganz frei von Vorurteilen.

Es kann auch ganz nützlich sein, andere auf den ersten Blick einschätzen zu können. Das erleichtert uns den Umgang miteinander – nicht nur in der Disco. Problematisch wird es, wenn du keine Wahl hast, wenn du gezwungen bist, mit bestimmten Menschen längere Zeit auf engem Raum auszukommen oder mit ihnen zusammenzuarbeiten – z.B. im Klassenzimmer.

Auch wenn du deinen Ersteindruck nach längerem Kontakt bestätigt findest, heißt das noch lange nicht, daß es auf ewige Zeiten so bleiben muß. Wenn du jemanden nicht riechen kannst, hilft dir vielleicht einer dieser Punkte weiter:

Die kleinen Chancen für den anderen:

1. Je weniger ich von einem anderen weiß, desto kritischer überprüfe ich meinen Ersteindruck. Menschen, mit denen ich zu tun habe, möchte ich näher kennenlernen. Dann kann ich sogar bei verhaßten Lehrern Überraschungen erleben.

   – kritische Überprüfung des Eindrucks

2. Mit kleinen Chancen, die ich einem Menschen immer wieder (trotz mancher Enttäuschung!) einräume, kann ich meine Toleranz trainieren. Das ist ein gutes und schönes Gefühl.

   – Toleranz

3. Von Zeit zu Zeit versetze ich mich in die Rolle des anderen. Ich betrachte *mich* durch seine Brille und kann sein Verhalten plötzlich besser verstehen.

   – Rollentausch

Verständnis kann nicht einseitig sein

Damit kein Mißverständnis aufkommt: Jede »Entspannungspolitik« hat ihre Grenzen und kann nicht nur einseitig betrieben werden. Es gibt schließlich auch einen Punkt, an dem man sich schlichtweg mit einem miesen Verhältnis abfinden muß. Alles andere wäre Kraftverschwendung oder Heuchelei.

Mit anderen gut auszukommen, ist nicht allein eine Frage von Glück, von Lust und Laune. Es ist in erster Linie eine Frage der Einstellung und des Trainings. Das verlangt Energie. Ein Bild, das wir uns einmal von jemandem gemacht haben, geben wir äußerst ungern auf. Unser Organismus versucht, uns diese Arbeit zu ersparen. Denn jede Korrektur ist anstrengend, kostet Kraft.

Es steht jedenfalls fest, daß wir alles, was wir wahrnehmen, im Zusammenhang mit unseren Erfahrungen sehen, die wir bisher gemacht haben. Wer sich vor Spinnen oder Käfern ekelt, wird ganz anders erschrecken, wenn ihm etwas am Bein hochkrabbelt, als ein Insektenforscher. Habe ich mit Schmatzen beim Essen schlechte Erfahrungen gesammelt, wird mich das Schmatzen bei anderen aufregen. Kann ich den genüßlichen Schmatzer überhaupt nicht leiden, bringt mich sein Geschmatze sogar auf die Palme. Bin ich jedoch in diesen Menschen verliebt, stört es mich nicht.

Wer Frösche mag, kann auch ihr Quaken gut ertragen:

Je mehr ich vom anderen weiß, desto größer ist die Chance, ihn zu akzeptieren – wenn er mich auch noch so nervt.

Ein Stinktier bleibt ein Stinktier.

Jeder Mensch, selbst das größte Ekelpaket, hat auch irgend etwas Positives. Doch das Suchen fällt sehr schwer. Trotzdem: Es lohnt sich.

Der Pauker hat was gegen mich

Feind, feinder, am fein(d)sten

Findest du das Thema brisant genug, daß wir noch eine Runde dranhängen sollten? Oder nerve ich dich bereits damit? Dann überspringe die nächste Runde einfach.

Du bleibst am Ball? Also gut. Dann frage ich dich: »Gibt es einen Lehrer, der dir ständig das Gefühl vermittelt, du gehst ihm auf den Keks? Der, wenn er dich überhaupt einmal ansieht, gleich die Stirn runzelt? Bei dem du schon im voraus weißt: Egal, was du jetzt sagst, er bekommt es sowieso in den falschen Hals?«

Wenn du nicht zu den verwöhnten Lebenskünstlern gehörst, die von allen geliebt und gelobt werden und überall gut ankommen, dürfte deine Antwort klar sein. Es gibt Menschen, da gelingt es selbst bei größter Anstrengung nicht, einigermaßen miteinander auszukommen.

Vielleicht ist es deine Kleidung, deine Frisur, deine Art, dich zu äußern oder einfach nur deine bequeme Sitzhaltung, die einen Lehrer stört. Vielleicht ärgert er sich auch nur darüber, daß du im Unterricht nie aktiv mitarbeitest, aber immer gute Arbeiten schreibst.

Zwei Punkte fallen mir dazu ein:

Dein Recht auf Persönlichkeit

1. Jeder hat ein Recht auf seine eigene Persönlichkeit. Sich lediglich einem anderen anzupassen, damit es keinen Ärger gibt, ist keine Lösung.

Deine Pflicht zum Kompromiß

2. Mit anderen auszukommen heißt aber auch, im Umgang miteinander Kompromisse eingehen zu können – natürlich auf gegenseitiger Basis.

Etwas gegen jemanden zu haben, ist grundsätzlich eine schwerwiegende und belastende Angelegenheit. Oft sind die Gründe dafür lächerlich gering. Vielleicht hilft ein Gespräch mit dem betreffenden Lehrer, so schwierig es

Feindschaft belastet (meist unnötig)

anfangs erscheinen mag, dem Ärgernis auf die Spur zu kommen. Jedenfalls signalisiert deine Bitte um ein Gespräch dein Interesse an einem besseren Auskommen miteinander. Du zeigst deine Bereitschaft, daran mitzuwirken. Ein solches Angebot kann kein vernünftiger Mensch von vornherein ablehnen.

Ein schwieriges Gespräch – richtig geplant

Wichtig allerdings ist die Vorbereitung eines solchen Gespräches. Es sollte sich nicht auf gegenseitige Vorhaltungen oder gar Beschimpfungen beschränken. Damit es ein gutes Gespräch wird, kannst du dir vorher überlegen:

- was liegt mir daran, mit meiner Lehrerin, meinem Lehrer besser auszukommen?
- worauf kommt es mir dabei besonders an?
- was bin ich bereit, dafür zu tun?
- was erwarte ich von meiner Lehrerin, meinem Lehrer?
- was wird sie, was wird er bereit sein zu tun?

Schon beim Auflisten solcher Fragen könnte dir manches klarer werden.

Weitere Tips für die Vorbereitungen eines solchen Gespräches kannst du auch von deinen Eltern, Geschwistern oder Freunden bekommen. Auch ein guter Vertrauenslehrer ist ein Anlaufpunkt.

Der Zeitpunkt ist wichtig

Dann ist es wichtig, einen guten Zeitpunkt für ein Gespräch zu finden. Frage in der Pause oder am Schluß der Stunde, wann du einen Termin dafür bekommen kannst.

Falls das Gespräch zu einem Ergebnis geführt hat (das muß nicht unbedingt auf Anhieb klappen!), ist es schließlich wichtig, die wesentlichen Punkte festzuhalten und hinterher am besten aufzuschreiben. Es ist peinlich, schon bei erstbester Gelegenheit wieder genau in die Fettnäpfchen zu treten, die man eigentlich beiseite räumen wollte.

Das Gespräch selbst ist wichtig – auch das Ergebnis

Nicht mit jedem Lehrer oder jeder Lehrerin kann man so einfach mal ins Gespräch kommen. Manchmal kann die »Gegenliebe« schon soweit fortgeschritten sein, daß du dir ein solches Gespräch gar nicht mehr zutraust.

Ein Brief ist (auch) ein Anfang

Hier kannst du deine Eltern, den Klassensprecher oder Vertrauenslehrer einschalten. Wer von einem Konflikt oder einer Beziehungsstörung nicht direkt betroffen ist, kann die Rolle eines Vermittlers übernehmen – eine wichtige Rolle.

Oder ein ganz anderer Vorschlag: Schreibe deinem Lehrer oder deiner Lehrerin einen Brief.

Auch das kann der Anfang für ein Gespräch sein, ohne daß du Gefahr läufst, dich dabei gleich bloßzustellen.

Vielleicht kannst du den Brief auch noch mit einem passenden Quakos-Aufkleber abrunden ...

Wer mit anderen gut reden kann, hat gut reden.

Ein kurzer Brief ist oft sehr wirkungsvoll. So kann man um ein Gespräch bitten oder (noch eindrucksvoller!) sich hinterher dafür bedanken.

Wenn kein Gespräch zustande kommt, oder wenn Gespräche nichts mehr bringen, muß ein Vermittler her.

Was viele Lehrer nicht (mehr) können

Lob ist selten

Wann hast du eine Lehrerin oder einen Lehrer zum letzten Mal gelobt? Es gibt ja nicht nur das Lob durch Worte. Ein zustimmendes Kopfnicken, ein freundliches Lächeln oder ein spontanes echtes Lachen sind oft noch wirkungsvoller. Natürlich wirkt das Gegenteil genauso stark: Gekichere mit deinem Nachbarn ist nicht gerade ein Kompliment für den Lehrer und seinen Unterricht. Trägt das dazu bei, daß im Unterricht so selten gelobt wird? Nach einer Untersuchung* verwendet der Lehrer im Durchschnitt nur 6 % der gesamten Unterrichtszeit für das Lob. Spötter behaupten, im Unterricht gäbe es halt nicht mehr zum Loben. Das Niveau der Schüler sei eben so miserabel. Was spricht aber dagegen, bei schwächeren Schülern auch kleine Fortschritte zu loben, statt immer nur die schlechte Leistung zu tadeln? Mir fällt auf, daß es ganz typisch für den Umgang zwischen Lehrern und Schülern ist, wie selten positive Wertschätzung ausgedrückt wird.

Wo gelobt wird, ist auch das Klima gut

* Gage, Berliner, Band 2, Seite 679; Rutter-Studie, Seite 155)

Liebe Kollegin, lieber Kollege,

wenn Sie sich dafür interessieren, was Ihre Schülerinnen und Schüler hier bei mir lernen, möchte ich die Gelegenheit gern benutzen, Ihnen etwas ans Herz zu legen: Sagen sie öfter mal etwas Nettes zu Ihren Schülern! Damit drücken Sie Ihre positive Wertschätzung aus. Sie werden sehen, wie sich das auf das Lernklima in Ihrer Klasse auswirkt.
Da ich schon gerade dabei bin, habe ich noch ein anderes Anliegen: Stille und zurückhaltende Schüler werden in ihrer Leistungsfähigkeit oft falsch eingeschätzt. Sie konzentrieren sich verständlicherweise auf solche Schülerinnen und Schüler, die sich aktiv am Unterricht beteiligen. Wahrscheinlich haben auch Sie schon nach einer Klassenarbeit überrascht festgestellt, »diese Leistung hätte ich ihr oder ihm gar nicht zugetraut!« Eine Beobachtung, die Sie bei besonders stillen und zurückhaltenden Schülern sicher öfter machen. Wer sich nicht beteiligt, sich nichts zutraut, dem trauen auch wir leistungsmäßig nicht viel zu. Oft genug stellen wir sogar Feindseligkeit, Faulheit oder Bequemlichkeit fest. Glauben Sie mir aber, liebe Kollegin, lieber Kollege, das hat meistens nichts damit zu tun. Schweigende Schülerinnen und Schüler haben Hemmungen, sich zu melden. Sie sind nicht faul, sondern schüchtern. Die Gründe kennen Sie: Der junge Mensch hat Angst, etwas Falsches zu sagen, etwas »Dummes« zu fragen, Angst, sich zu blamieren. Er befürchtet bei aktivem Mitmachen, als Streber abgestempelt zu werden. Er macht den Mund nicht auf, weil er ihn vielleicht auch daheim nicht wirklich frei aufmachen darf. Sie kennen, so gut wie ich, sicher noch weitere Gründe. Wissen Sie aber, was für ein Grund beim einzelnen für sein großes Schweigen ausschlaggebend ist? Bauen Sie diesem jungen Menschen eine Brücke. Zerren Sie ihn nicht aus seiner Hemmung, sondern gehen sie behutsam auf ihn zu. Vielleicht müssen Sie dabei Ihre eigene Schwellenangst überwinden.

Ich hoffe, daß Sie mir diesen Brief nicht übelnehmen.

Freundlich grüßt Ihr
Uralt-Kollege Anekdoteles

Wir loben uns im Alltag viel zu selten, weil wir es in der Schule auch nicht richtig lernen.

Schweigende Schüler sind zu gehemmt und nicht zu faul zum Reden.

Ein Lob an alle Lehrer, die den Brief von Anekdoteles gelesen haben.

Angst vorm Sprechen?

Prominenten-Umfrage

Hanns Joachim Friedrichs

1. *Was war Ihnen in der Schule lieber: die schriftliche oder die mündliche Prüfung?*
   Am Ende: die schriftliche.

2. *Haben Sie in ihrer Schulzeit gern Gedichte vor der Klasse aufgesagt?*
   Ja!

3. *Ist es Ihnen schon einmal richtig schwergefallen, vor einer Gruppe zu sprechen?*
   Ja!

4. *Warum zählt das Schriftliche mehr als das Mündliche?*
   Tut es das? Nun gut: es erlaubt mehr gedankliche Präzision.

5. *Sollte Rhetorik als eigenes Unterrichtsfach in den Lehrplan aller Schulen aufgenommen werden?*
   Ja.

6. *Haben Sie einen Tip für junge Menschen, denen es schwerfällt, in der Schule »den Mund aufzumachen«?*
   Tief durchatmen, die Lücke in der Diskussion ausmachen und dann ein Herz fassen. Es hilft, wenn einer vorher darüber nachgedacht hat, was er sagen will.
   Noch etwas: leise sprechen. Nicht flüstern, aber leise sein (dann klingt alles viel bedeutender).

Was ich an Lehrern schätze

Den perfekten Lehrer gibt es nicht

»Lehrer sind Leute, die einem bei Problemen helfen, die man ohne sie gar nicht hätte.« So stand es eingeritzt auf einer Schulbank. Ich wollte wissen, ob da etwas Wahres dran ist. Ich zog durchs Land und sammelte charakteristische Merkmale, die einen guten Lehrer auszeichnen. Da kam ein regelrechter Tugendkatalog zusammen. Echtheit, Gerechtigkeit, Toleranz, Humor und Taktgefühl im Umgang mit Schülern wurden am häufigsten genannt.

Aus den 16 wichtigsten Punkten habe ich einen Fragebogen zusammengestellt. Diesen habe ich an vielen Schulen in den Klassen 8, 9 und 10 verteilt. Ich bat die Schülerinnen und Schüler darum, die einzelnen Sätze mit den typischen Merkmalen in eine Rangordnung zu setzen. Interessiert es dich, was dabei herausgekommen ist? Es wäre schön, wenn du erst nachschautest, nachdem du selbst eine Rangordnung aus deiner Sicht aufgestellt hast.

Damit du bei den vielen Hinweisen nicht total die Übersicht verlierst, teilst du deine Entscheidungen zunächst einmal in drei Gruppen ein:

Sehr wichtig	Wichtig	Nicht so wichtig

Wenn du die Buchstaben der einzelnen Merkmale in diese drei Rubriken verteilst, hast du schon einen groben Überblick. Danach kannst du dich sicher leichter für die Rangordnung entscheiden.

Die Aufgabe läßt sich am leichtesten dadurch lösen, daß du dich zuerst entschließt, welcher Punkt dir am wichtigsten erscheint. Dem betreffenden Buchstaben gibst du die 1.

Danach vergibst du den letzten Platz. Was dir am unwichtigsten erscheint, setzt du auf Rang 20.

Nun kommt der zweite Platz, dann der 19., danach der 3. und der 18. an die Reihe. Die Plätze 10 und 11 vergibst du ganz am Schluß.

Dieses System ist übrigens überall dort eine Hilfe, wo aus vielen Einzelheiten das Wichtigste herausfinden ist. Wenn du von den groben zu den feinen Unterschieden kommst, fällt dir der Überblick vielleicht leichter ...
(»Ein guter Lehrer« heißt natürlich immer auch:»Eine gute Lehrerin«. Das gleiche gilt für Schülerinnen, die hier einfach »Schüler« heißen.)

Worauf es bei den Lehrern so ankommt

A Ein guter Lehrer setzt sich durch. In seinen Stunden sind die Schüler gewöhnlich diszipliniert und ruhig.

B Ein guter Lehrer gibt sich, wie er wirklich ist. Seine Schüler wissen bei ihm, woran sie sind. Er steht dazu, daß er einzelne Schüler mehr mag als andere. Auch darin liegt ein Stück seiner Echtheit.

C Ein guter Lehrer hat gesunden Humor und kann Spaß vertragen. Doch seine Schüler verletzt er nie durch Ironie und Sarkasmus.

D Ein guter Lehrer kann die Schüler für sein Fach begeistern. Er erkundigt sich, was die Schüler von seinem Unterricht halten.

E Ein guter Lehrer stellt hohe Forderungen an die Schüler und läßt kein nachlässiges und unordentliches Arbeiten durchgehen.

F Ein guter Lehrer kann gut erklären und hat Geduld mit Leistungsschwächeren – auf Faulheit aber reagiert er allergisch.

G Ein guter Lehrer fördert die Selbständigkeit. Er erlaubt den Schülern, viele Entscheidungen selbst zu treffen (z.B. Gruppen- und Zeiteinteilung, Aufgabenvorschläge, Ausflüge, Klassenzimmergestaltung).

[H] Ein guter Lehrer ist kompetent, hält sich in seinem Fachgebiet auf dem laufenden und bildet sich regelmäßig fort.

[I] Ein guter Lehrer pflegt den persönlichen Kontakt zu seinen Schülern, so daß sie ohne Angst fast über alles mit ihm reden können.

[J] Ein guter Lehrer legt großen Wert darauf, den Schülern beizubringen, wie man lernt, wie man effektiv zusammenarbeitet und einander besser versteht.

[K] Ein guter Lehrer sieht in seinen Schülern Mitmenschen, die er ernst nimmt und deren Persönlichkeit er voll respektiert. Er stellt niemanden vor der ganzen Klasse bloß.

[L] Ein guter Lehrer führt mit den Eltern offene und ehrliche Gespräche.

[M] Ein guter Lehrer gilt im Kollegium als freundlich, zuverlässig und hilfsbereit.

[N] Ein guter Lehrer achtet auf Pünktlichkeit – nicht nur bei anderen, sondern auch bei sich selbst.

[O] Ein guter Lehrer kann Wissenslücken oder eigene Fehler zugeben. Er läßt auch andere Meinungen gelten und kann gut mit Kritik umgehen.

[P] Ein guter Lehrer bemüht sich um größtmögliche Gerechtigkeit.

[Q] Ein guter Lehrer kennt von seinen Schülern auch Stärken, die nichts mit seinem Unterrichtsfach zu tun haben (z.B. bei Sport, Musik, Theater).

[R] Ein guter Lehrer raucht nicht.

[S] Ein guter Lehrer legt Wert auf ein gepflegtes Äußeres. Er riecht gut und geht mit der Mode.

[T] Ein guter Lehrer erzählt seinen Schülern auch mal etwas aus seinem Privatleben oder über seine persönlichen Interessen.

Die Auswertung war recht schwierig. Einzelne hatten eine völlig andere Bewertung, als die meisten Klassenkameraden. Trotzdem ergab sich insgesamt eine deutliche Reihenfolge:

A 8, B 16, C 2, D 7, E 14, F 3, G 4, H 10, I 13, J 5, K 1, L 15, M 20, N 11, O 9, P 6, Q 12, R 19, S 17 und T 15.

Wie ist deine Bewertung ausgefallen? Gibt es Abweichungen um mehr als 10 Plätze? Das wäre nicht dramatisch, aber doch interessant, wo du die Akzente deutlich anders setzt.

Kannst du dir vorstellen, daß ihr in eurer Klasse mit einem eurer Lehrer über diesen Fragebogen diskutiert? Dann darfst du gern die erforderliche Stückzahl fotokopieren. Oder fordere einen Klassensatz mit der Antwortkarte (am Ende des Buches) an. Auf Wunsch lege ich dir gern noch einen Satz »Quakosse« bei.

Ich kenne Lehrer, die sich über diesen Fragebogen nur amüsieren würden.

Ein guter Lehrer ist auch ein gutes Vorbild für mich.

»Ich hatte schlechte Lehrer, das war eine gute Schule für mich.« (Georg Christoph Lichtenberg)

Die Seele macht den Sieger

Zu der letzten Runde ist mir noch etwas eingefallen: Ein guter Lehrer, der in allem super ist, kann kein guter Lehrer sein. Denn das wäre so toll, daß es schon wieder unmenschlich wäre ...

Dein Verhältnis zu einem Lehrer läßt sich leichter ändern, als der Lehrer selbst

Was aber kannst du tun, wenn du nur »allzumenschliche« oder tatsächlich »unmenschliche« Lehrer hast? – Da habe ich erst einmal eine bittere Pille: Du mußt die Lehrer so nehmen, wie sie sind. Du kannst sie nicht verändern. Du kannst aber das schlechte Verhältnis ändern, das du zu ihnen hast. Dabei darfst du sehr wohl an dich selbst zuerst denken. Du mußt nicht leiden, du hast dafür zu sorgen, daß du dich einigermaßen wohlfühlen kannst. Du läßt die Dinge, läßt die Lehrer wie sie sind, änderst aber in deiner Vorstellung, in deinem Denken und Fühlen deine Einstellung zu ihnen. Das fällt schwer, ich weiß. Es sind ja nicht nur einzelne Lehrer, sondern oft ist es die ganze Schule, die dir stinkt. Auf der Bank, von der ich dir schon erzählt habe, ist auch zu diesem Thema ein sinniger Spruch eingeritzt: »Schule ist wie eine Oase – nur Kamele finden sie gut!«

Ein witziger Gedanke, ein sympathischer Vergleich. Und doch, wenn du ihn richtig ernst nimmst, machst du es dir selbst viel schwerer. Du siehst dich selbst nur als Verlierer.

Wenn du mal mit deinem Nachbarn schwätzt, wirst du gleich ermahnt. Wenn du mal was vergißt, ist das gleich ein Drama. Wenn irgendwo irgend etwas fehlt oder kaputt ist, fühlst du dich sofort angesprochen. Ja, warum immer du?

Du bist es nicht allein

Bist wirklich nur immer du der Dumme? Werden die anderen nie ermahnt und gerügt? »Aber nicht so oft!« wirst du vielleicht einwenden. Wie sich die Sache genau verhält, ist im Moment gar nicht so wichtig. Viel wichtiger ist es, daß du dich so schnell wie möglich aus dieser »Immer-Ich-Mimosen-Haltung« befreist. Der erste und zugleich wichtigste Schritt ist der sofortige Entschluß, die beiden Wörtchen »Immer-Ich« grundsätzlich aus deinem Sprachschatz zu streichen. Auch wenn du dich noch so sehr im Recht fühlst. Du wirst staunen. Du schüttelst nicht nur zwei Wörter,

Wer »immer ich« denkt, wird motzig ...

sondern gleichzeitig ein bedrückendes Gefühl ab. Die »Immer-Ich-Stimmung« macht mit der Zeit nämlich ziemlich mürbe. Nicht zuletzt, weil es kindisch-motzig wirkt, drückt es das persönliche Niveau herunter. Mit dieser Einstellung kann man nicht gewinnen. Das kannst du zum Beispiel bei Spitzensportlern sehr schön beobachten. Pirmin Zurbriggen ist einer. Ein schlaksiger junger Mann, der mitreißend fröhlich sein kann. Oder Markus Wasmeier. Der »Wasi« ist für eine Gaudi immer zu haben. Gescheit ist er, sensibel, geradeaus, musikalisch, naturverbunden, er kann seine Beine bewegen wie kein Zweiter. Ein Traum für Mädchen, Schwiegermütter und Kumpels.

... und zweifelt zuletzt an sich selbst

So verschieden die beiden auch sein mögen – eines haben sie gemeinsam. Sie zweifeln nicht an sich. Daß sie gewinnen, ist ihnen klar, bevor sie gewonnen haben. Sie denken nicht darüber nach, sie wissen, daß es Gift ist, zuviel über Fehler nachzudenken. Kleine Fehler gehören zum Geschäft. Aber der folgenschwerste Fehler ist es zu grübeln. Ein Olympiatrainer hat das so formuliert: »Talent ist wichtig, Training ist wichtiger, am wichtigsten aber ist die Einstellung – die Seele macht den Sieger.«

Umgekehrt macht sie auch den Verlierer.

Die Seele trainieren

Läßt sich diese »Seele« überhaupt trainieren?

Wem es schwerfällt, sich in Schwung zu bringen, ist vielleicht zu oft mit »traurigen Gestalten« zusammen, die von nichts etwas halten. Das steckt an. Wenn du selbst von Natur aus ein Trauerkloß bist, versuche es nicht mit künstlicher Lustigkeit. Auch Aufmunterungen und gutgemeinte Späße von anderen machen die Sache höchstens noch schlimmer. Was du

brauchst, ist Aufhellung. Im wahrsten Sinn des Wortes. Ein einfaches Mittel ist Licht. Suche die Helligkeit, schau dir farbenfrohe Bilder an, mach deine Umgebung heller, kleide dich mit hellen, frischen Farben. Selbst beim Essen kannst du darauf achten. Frisches Obst und knackige Salate sind nicht nur kerngesund, sondern heben auch die Stimmung. Gelüstet es dich aber immer nur nach Süßigkeiten oder Chips, befaßt du dich zu sehr mit ungesunden Stoffen. Siegertypen tanken härtere Energien, achten mehr auf ausgewogene, gesunde Ernährung.

Wer seine Eßgewohnheiten positiv verändert, hat auch in anderen Bereichen mehr Erfolg. Wer das zwar möchte, aber noch nicht schafft, muß seine innere Einstellung zu sich und seinem Körper ändern. Auch hier macht die Seele den Sieger.

Wenn es um Fragen der inneren Einstellung geht, ist Quakos hin- und hergerissen:

Auch wenn ich die Verhältnisse nicht ändern kann, so kann ich sie doch erträglicher machen – durch eine andere Einstellung.

Die Einstellung »Ich kann das nicht!« ändere ich um in den Satz »Ich tue es!«

Intelligenz ist die Fähigkeit, seine Umgebung zu akzeptieren.

Angst vorm Sprechen?

Prominenten-Umfrage

Senta Berger-Verhoeven

1. *Was war Ihnen in der Schule lieber: die schriftliche oder die mündliche Prüfung?*

   War ich in einem Fach sehr sicher oder fühlte mich zumindest so, war mir die schriftliche Prüfung lieber. Ich genoß dann das mit mir und meinen Formulierungen Alleinesein. War ich schlecht vorbereitet oder wenig geeignet für ein Fach, war mir die mündliche Prüfung lieber: ich hatte dann die Chance, »etwas« aus der Fragestellung meines Prüfers herauszuhören und mit Intuition und Frechheit halbwegs eine Antwort mündlich zu formulieren.

2. *Haben Sie in ihrer Schulzeit gern Gedichte vor der Klasse aufgesagt?*

   Leidenschaftlich gerne. Und gut, glaube ich.

3. *Ist es Ihnen schon einmal richtig schwergefallen, vor einer Gruppe zu sprechen?*

   Oft schon. Vor Gruppen von Journalisten.

4. *Warum zählt das Schriftliche mehr als das Mündliche?*

   Vielleicht ist das geforderte Wissen leichter zu überprüfen. Weil man weniger schlampig formuliert, genauer. Diese gedankenlosen Sprachfloskeln wie »irgendwie« fallen weg. Man muß auf den Punkt formulieren. Das sollte man natürlich auch mündlich.

5. *Sollte Rhetorik als eigenes Unterrichtsfach in den Lehrplan aller Schulen aufgenommen werden?*

   Selbstverständlich. Und vor allem für die Lehrer.

6. *Haben Sie einen Tip für junge Menschen, denen es schwerfällt, in der Schule »den Mund aufzumachen«?*

   Es gelten ja diese Regeln: wer sich meldet, macht mit, kommt in den Verruf am Unterricht mitzumachen, das gilt in den Oberstufen oft schon als verwerflich. Man schweigt auch gerne aus Unsicherheit. Das ist, wenn man jung ist, das Natürliche. Man schweigt auch – oft, weil man keine eigene Meinung zum Thema hat –, dann kommen Sprechblasen aus dem Munde. Manche Politiker müssen ihre Meinung ein Leben lang in Sprechblasen kleiden. Ich denke, erst muß man sich über seine Motive »den Mund nicht aufmachen« zu können, bewußt werden. Ich finde, eine Meinung zu haben, die sich auch in seiner Sprache ausdrückt, ist für jeden Menschen wichtig. Überlebenswichtig.

Mein Draht zur Physik

»Kräfte kann man durch Pfeile darstellen. Die Resultierende zweier Kräfte findet man durch Pfeiladdition, d.h. durch richtiges Aneinandersetzen der Pfeile ...«

Physik: Natur in Buchstaben und Zahlen

Bernd brütet über seinen Physikaufgaben und stöhnt: »Ich kapier das nicht!« Er schaut mehr aus dem Fenster als ins Buch. »Ich habe keinen Draht zur Physik. Schon dieser ›physe‹ Name!« Ich setzte mich zu ihm und sagte: »Was den Namen betrifft, so hat es etwas mit mir zu tun. ›physis‹ ist griechisch und bedeutet so viel wie ›Vorgänge in der Natur‹«. Das schien Bernd nicht besonders zu beeindrucken. »Natur? Was haben diese komischen Pfeile mit Natur zu tun? Überhaupt: Wenn man in dieses Buch schaut, hat das mit Natur herzlich wenig zu tun!«

Siehst du das ähnlich? Welchen Draht hast du zur Physik? Kein Problem? Dann kannst du dir diese Runde schenken. Ergeht es dir aber wie Bernd, würde ich mich gern noch eine Weile mit dir unterhalten.

Mit Spielregeln Zusammenhänge verstehen

Alles, was uns heute in der Natur umgibt, scheint so selbstverständlich – es ist eben alles so, wie es ist. Aber erklären zu können, nach welchen Spielregeln das alles vor sich geht, ist schon gar nicht mehr so einfach. Und dennoch mußt du diese Spielregeln kennen, wenn du verstehen willst, was da um dich herum alles geschieht. Einige meiner Zeitgenossen machten sich die Sache noch recht einfach und schrieben jedes Naturgeschehen einem bestimmten Gott zu. War Zeus zum Beispiel sauer, schickte er einfach ein paar Blitze auf die Erde, und es gab ein Gewitter. Heute gibt es dafür einen Wetterdienst. Da wird alles wissenschaftlich berechnet mit Computern und Satelliten – physikalisch sozusagen. Schau dir einmal aufmerksam den Wetterbericht an. Da hörst du vielleicht etwas von einem Tiefdruckgebiet, das ostwärts wandert und Regen mitbringen soll. Der Wind soll aber von Süden kommen. Wie paßt das zusammen? Bringen dich diese Nachrichten noch auf andere Fragen? Wer könnte sie dir beantworten?

Keine Antwort ohne Frage

Bernd hat sich einen Fragenzettel für den Physikunterricht gemacht:

Wenn Physik für dich ein Buch mit sieben Siegeln ist, weißt du wahrscheinlich zu wenig über dieses Fach. Du siehst nur, daß es wahnsinnig komplex ist. Das erschwert den Überblick und deshalb oft den Durchblick. Deshalb suchen sich auch Physiker oft einen einzelnen Vorgang heraus, lassen alles Nebensächliche weg und konzentrieren sich nur noch auf eine einzige Beobachtung. Diese Beobachtung wiederholen sie so oft, bis sie eine Regelmäßigkeit erkennen und ein Gesetz dazu formulieren können. Die Erdanziehungskraft zum Beispiel, die wir täglich als »Gewicht« erfahren, bewirkt nicht nur, daß wir auf der Erde festgehalten werden und Gegenstände zu Boden fallen. Sie hält genauso den Mond in seiner Umlaufbahn um die Erde, bestimmt die Flugbahnen von Satelliten und Raketen und trägt einen Teil zur Bewegung der Luft und damit auch zum Wetter bei.

Das Physik-Puzzle: Aus vielen Kleinteilen ein Gesamtbild

Erst, wenn du mehrere dieser Regeln kennst, kannst du sie wieder zu einem Gesamtbild zusammensetzen. Natürlich ergibt sich kein vollständiges Bild daraus. Kein Physiker kann erklären, was Gefühle, Träume oder Gedanken sind und wie sie zustandekommen. Wenn du die Natur durch die Brille der Physik betrachtest, wirst du einen ganz bestimmten Teil sehen – eben den, der sich physikalisch erklären läßt.

Mit einer Portion verstandener Physik kannst du auch in Alltagsdingen mehr und besser mitreden.

Einen großen Schritt auf deinem Weg zur Physik kannst du tun, wenn du dir vornimmst, Vorgänge in der Natur verstehen zu wollen. Welche Elemente aus dem Physikunterricht findest du in deiner Umgebung wieder?

Als kleine Einstiegshilfe hier ein paar Beispiele:

Physik erlebst du an jedem Tag

Hebelgesetz
Wie funktioniert die Kraftübertragung an der Türklinke, beim Nußknacker, bei der Schere, an den Fahrradpedalen?

Stromkreis
Wie ist unsere Türklingel geschaltet? Wie funktioniert die Beleuchtung im Treppenhaus? Wie sieht meine Taschenlampe innen aus?

Wärmestrahlung
Was passiert, wenn ich ein weißes und ein schwarzes Blatt Papier in die Sonne lege?

Daraus ergibt sich der nächste Schritt fast von selbst: Wo du nicht weiterkommst, stelle Fragen – an Freunde, Eltern, Lehrer und dich selbst. Durch deine Fragen zeigst du, daß du etwas verstehen willst.

Besonders nützlich sind die Fragen, die du an dich selber stellst. Besorge dir zu diesem Thema weitere Informationen in Bibliotheken, Büchern oder Zeitschriften. Vielleicht kennst du auch einen Ingenieur oder einen Elektriker, mit dem du mal ein bißchen fachsimpeln könntest. Außerhalb der Schule wirkt mancher Stoff viel interessanter. Und am Schluß begreifst du plötzlich eine Formel, findest über diesen Draht ein Aha-Erlebnis, dieses lustbetonte Gefühl, wenn »der Groschen plötzlich fällt«.

Welcher Kommentar erscheint dir heute klebenswert?

Keine Formel in Physik ohne Zeichnung oder Skizze.

Seit ich den legendären Froschschenkel-Versuch von Luigi Galvani kenne, will ich von Physik nichts mehr wissen.

Mein Draht zur Physik heißt: Begreifen durch Fragen. Was ich wirklich (!) wissen will, begreife ich auch.

Geschichte, wie sie nicht im Buche steht

Der Speicher ist groß und dunkel. Außer dem hohlen Trommeln des Regens auf das riesige Dach ist nichts zu hören. Durch die Dachluke dringt ein fahler, milchiger Schein. Julian bleibt regungslos stehen. Allmählich gewöhnen sich seine Augen an das dämmrige Licht. Ich schaue ihm mit Vergnügen zu. Julian läßt sich auf eine zerschlissene Matratze fallen. Das Herumstöbern auf dem Dachboden des alten Hauses seiner Großeltern hat für ihn immer noch etwas Geheimnisvolles, obwohl er in zwei Wochen schon vierzehn wird. Er solle nur acht geben, daß er nicht über das alte Gerümpel falle und sich am Ende noch verletze, hatte ihm seine Großmutter noch nachgerufen. Dabei ist ihm doch alles hier so vertraut: Opas altes, schwarzes Fahrrad, der Schrank mit den Kleidern aus Omas Jugend. Oder dort im Regal der mechanische, aufziehbare Christbaumständer mit eingebauter Spieluhr, Glockengebimmel und Drehmechanismus für den Baum. Aber was ist denn in der Kiste mit den schmiedeeisernen Beschlägen? Vorsichtig öffnet Julian den Deckel: Bücher, lauter Bücher.

Auf Opas Dachboden steht eine alte Truhe ...

Obenauf liegen drei mit einer Schnur zusammengebündelte Mappen. Nachdem Julian den Staub abgeklopft hat, löst er langsam den Knoten und beginnt zu lesen: »Aus deutscher Geschichte«, »Olympia 36« und »Märchen der Völker«. Neugierig fängt er an zu blättern. Viele kleine Bildchen sind in diese Alben eingeklebt, ein paar Zeilen Text stehen jeweils dabei. Hin und wieder fehlt eines. Julian hat sich so in die Seiten über die Winterspiele in Garmisch-Partenkirchen vertieft, daß er nicht merkt, wie ein breiter Lichtstreifen in den Raum fällt. Sein Großvater steht schweratmend in der halbgeöffneten Speichertüre. Er ist heraufgestiegen, um ihn zum Essen zu holen.

... randvoll mit Geschichten aus der Vergangenheit

»Opa«,bettelt Julian, »laß mich doch ausnahmsweise etwas mit hinunter nehmen, nur diese drei Mappen.« Julians Großvater zögert. »Was sind denn das überhaupt für alte Schmöker? Laß sehen. Ach, die Alben mit den Zigarettenbildchen! Meinetwegen; aber komm jetzt, die Suppe wird kalt!«

Unbemerkt steige ich die Treppen hinunter und schaue weiter zu. »Ach Gott, Junge, was tust du denn mit meinen Sammelalben aus meiner Schulzeit? Nein sowas! Weißt du, wenn man eine bestimmte Anzahl von Punkten, die in Zigarettenschachteln enthalten waren, gesammelt hatte, konnte man sich dafür von der Zigarettenfirma bestimmte Bilderserien schicken lassen, je nach Wunsch. Und für jede Serie gab es ein bestimmtes Album. Meine Freundinnen und ich haben untereinander auch getauscht, damals...Aber daß du dich für die alten Geschichten aus meiner Jugend interessierst, Junge?« Julians Großmutter schüttelt verwundert und gerührt zugleich den Kopf und stellt die Suppenterrine auf den Tisch. »Alte Geschichten, Margaretha, aber auch Geschichte«, sagt Großvater nachdenklich.

Die Suppe duftet so gut, daß ich am liebsten mitgegessen hätte. Aber ich wollte die drei nicht stören.

Geschichten oder Geschichte – was verstehst du unter Geschichte? Denkst du dabei nur an Geschichtsunterricht? Nur an das Überfliegen von ein paar Seiten im Geschichtsbuch? Heißt Interesse an Geschichte, die Wandkarte »Europa unter Napoleon« von der 9a in die 9b zu befördern? Oder bedeutet Geschichte, in 45 Minuten mit Alexander dem Großen ein Weltreich erobern?

Das alles ist Geschichte nicht.

Geschichte ist ein Stück Leben

Unter Geschichte verstehen wir den Ablauf alles Geschehenen, was zum Menschen in Bezug gesetzt werden kann, sei es vor Jahrtausenden geschehen oder aber erst vor zwei Minuten. Auch deine Alltagserlebnisse werden zu Geschichte. Um historisch bedeutsam zu werden, muß man nicht immer gleich die Welt aus den Angeln heben.

Das heißt, daß du ständig mit Geschichte in Berührung kommst, daß auch du, deine Familie, deine Freunde und Bekannten – wenn auch meist unbewußt – Geschichte machen.

Auf Spurensuche in der eigenen Lebensgeschichte

Die eigene Vergangenheit aufzuspüren, kann ganz schön aufregend sein. Plötzlich wird mir klar, was das alles mit mir zu tun hat. Julian ist ganz zufällig beim Herumstöbern auf dem Dachboden in die Jugendzeit seiner Großeltern und damit in einen sehr folgenschweren Abschnitt der deutschen Geschichte, dem Dritten Reich, gestolpert.

Hast du nicht Lust, vielleicht an einem verregneten Tag, Spuren deiner eigenen Vergangenheit zu sichern? Auch wenn vieles verschenkt, weggeworfen oder verschollen ist, findet sich doch irgendwo eine Rassel aus deinem ersten Lebensjahr, Schuhe, in denen du deine ersten Gehversuche unternommen hast, dein Dreirad oder eine krakelige Zeichnung zum Muttertag aus deiner Kindergartenzeit. Kannst du nichts von alledem aufspüren – Fotos, die deine Entwicklung dokumentieren, findest du allemal.

Du magst dich über das Bild, das von dir und deiner Schwester während des Sommerurlaubes auf Sylt vor mehr als zehn Jahren aufgenommen worden ist, noch so amüsieren – als historisches Dokument ist es bedeutsam. Es ist ein Ausschnitt aus der damaligen Wirklichkeit, die du unbewußt mit deinen Beobachtungen aus deiner Gegenwart in Bezug setzt. Nur aus dem Blickwinkel der Gegenwart nämlich ist deine Erheiterung über deinen entsetzlichen Haarschnitt oder dein albernes Rüschen-Latzhöschen erklärbar. Denn damals haben sicherlich die meisten Kinder so ausgesehen wie du und deine Schwester, und auch euer Kinderwagen wirkte damals überhaupt nicht komisch.

Der Geschichtsunterricht gibt den großen Zusammenhang

Deine private Geschichte ist immer auch ein verschwindend kleiner Teil dessen, was wir als »unsere Geschichte« bezeichnen. Deshalb begreifst du deine eigene Geschichte viel besser, wenn du sie in dem größeren Rahmen unserer gemeinsamen Geschichte siehst. Und um diesen größeren Rahmen abstecken zu können, brauchst du den Überblick über die bedeutsamen Epochen unserer Geschichte. Den wiederum kannst du dir im Geschichtsunterricht verschaffen – wenn du willst.

Du weißt ja, daß für mich persönlich Geschichte mehr bedeutet als trokkener, öder Unterricht. Für mich ist Geschichte lebensnotwendig ...

Wahrscheinlich siehst du das für dich nicht so dramatisch, möchtest einfach nur deine Leistungen in Geschichte verbessern. Dazu bekommst du in der nächsten Runde reichlich Gelegenheit.

Wenn Quakos heute seinen Schlußpunkt setzt, ist das sicher kein historisches Ereignis.

- Spuren meiner eigenen Vergangenheit zu sichern heißt, Geschichte hautnah zu erleben.

- Oftmals offenbaren sich in kleinen und kleinsten Details geschichtliche Veränderungen, die über einen längeren Zeitraum betrachtet einen enormen Fortschritt für die Lebensbedingungen der Menschen bewirkt haben.

- Ich gehe in (die) Geschichte ein.

Ein Lernprogramm für Geschichte

Geschichte: Drei Schritte zum Erfolg

Hier also das versprochene Sofortprogramm für alle, denen das Fach Geschichte unter den Nägeln brennt. Dieses Angebot nenne ich gern: »Das Drei-Stufen-Programm mit Erfolgsgarantie«. Als ich das zum ersten Mal sagte, hörte ich einige Lästermäuler: »Erfolgsgarantie! – Jetzt wird der alte Anektrotteles größenwahnsinnig!« Inzwischen sind die Spötter verstummt. Aber bitte, überzeug dich selbst.

Erste Stufe: Entscheidung

Entscheidung: Geschichte – jetzt

Falls du dich im Fach Geschichte verbessern willst, setze deinen Vorsatz *sofort* in die Tat um, gleich in der Vorbereitung für die nächste Geschichtsstunde. In einem sogenannten Lernfach wie Geschichte macht sich der Einsatz umgehend bemerkbar – wenn auch nicht unbedingt gleich bezahlt.

Achte auf günstige Rahmenbedingungen. Du brauchst die nötigen Lernmittel an deinem Arbeitsplatz. Die leidigen zeit- und kraftraubenden Großfahndungen nach Buch, Atlas, Heft oder Notizen verderben dir die Lust an der Arbeit, noch ehe du angefangen hast.

Zweite Stufe: Mitarbeit

Mitarbeit: Drei Wörter mit »Mit-«

Es ist unbestritten, daß konzentrierte Mitarbeit im Unterricht dir sehr viel Arbeit hinterher ersparen kann. Die Mitarbeit bringt dir besonders viel, wenn du die drei Bausteine auf der nächsten Seite beachtest.

Dieses Erfolgsrezept ist zwar nicht brandneu, dafür aber lang erprobt und bestens bewährt. Natürlich riecht es nach Arbeit. Laß es trotzdem auf einen Versuch ankommen, denke an meine Erfolgsgarantie.

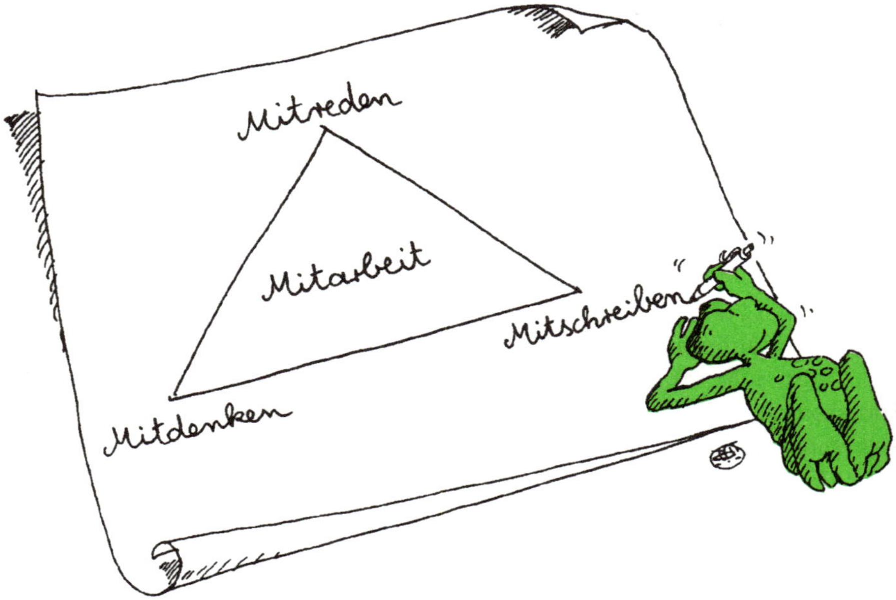

Ohne Mitdenken kein Anschluß

Baustein A: Mitdenken
Das heißt zunächst einmal, zuhören und verstehen wollen. Da ist für Ablenkungen jeder Art kein Raum. Fliegen deine Gedanken dir davon, hol sie so schnell wie möglich zurück. Welche Äußerungen im Unterrichtsgespräch kommen dir bekannt vor? Welche Fragen tauchen auf, die du dir schon selbst gestellt hattest? Gibt es Antworten auf deine Fragen? Verstehst du den Zusammenhang? Was ist klar, und welche Fragen bleiben offen?

Ohne Mitschreiben kein Überblick

Baustein B: Mitschreiben
Alles, was der Lehrer an die Tafel schreibt, mußt du in ein eigenes Heft oder dein Ringbuch übernehmen. So hast du eine Gliederung des Stoffes, Schlüsselbegriffe, Skizzen, Jahreszahlen und Querverweise zu anderen Themen immer am richtigen Platz. Laß genügend Raum, damit du Begriffe nachtragen kannst, die dir persönlich wichtig erscheinen und das Behalten erleichtern.
Schreibe leserlich und übersichtlich, bilde Absätze und benutze Farben. Verweise im Heft auf die entsprechende Seitenzahl des Ge-

schichtsbuches. Solche Hefteinträge sind deine gedankliche Stütze für deine häusliche Arbeit.
Am Schluß der Stunden notiere unbedingt die Hausaufgabe ganz konkret in deinem Hausaufgabenheft.

Baustein C: Mitreden
Der wichtigste Baustein für eine erfolgversprechende Mitarbeit ist das Mitreden. Du meldest dich, fragst oder antwortest, äußerst deine Gedanken oder Bedenken und hast keine Angst, wegen eines Beitrags ausgelacht zu werden. Mitreden heißt auch mitgestalten, mitbestimmen.
Melde dich in jeder Unterrichtsstunde wenigstens dreimal, auch wenn es noch so schwer fällt. So lernst du im Laufe der Jahre, eine Information, einen Standpunkt schlüssig, sprachlich korrekt und für die Zuhörer nachvollziehbar darzustellen. Selbst wenn dir das Fach Geschichte sonst nichts gibt, dazu ist es allemal gut. Als Training zur mündlichen Mitarbeit, vor allem zum Einüben des mündlichen Sprachgebrauchs, eignet sich Geschichte besser als Mathematik oder Sport.

Ohne Mitreden kein Einfluß

Mit diesen drei Bausteinen kannst du zwar keinen Palast errichten, aber doch eine solide Basis schaffen, auf der du in Geschichte sehr gut aufbauen kannst.

Dritte Stufe: Hausarbeit

Deine nächste Geschichtsstunde fängt vorher schon zu Hause an. Mit meiner Erfolgsgarantie für dich komme ich an Hausaufgaben nicht vorbei. Ich habe eine Checkliste vorbereitet, die dir zeigt, worauf es hierbei ankommt. Das meiste ist dir sicherlich bekannt. Eine Checkliste ist ja auch in erster Linie nur eine Gedächtnisstütze.

Hausarbeit:
- *Zusammenhänge*
- *Wiederholung*
- *Vorbereitung*

Checkliste

Buch, Heft mit Notizen, Geschichtsatlas und evtl. zusätzliche Lernmittel (Bildmaterial, Karten, Dias, Tonbänder) zurechtlegen.	
Sich genau vergewissern, was zu lernen ist. Geschichte eignet sich gut zum Einstieg in den Hausaufgabennachmittag.	
Sich anhand der Mitschrift aus dem Unterricht an die größeren Zusammenhänge zu erinnern versuchen.	
Betreffende Seiten im Buch bzw. Atlas aufschlagen.	
Text des Buches abschnittweise konzentriert und langsam durchlesen, dabei gleichzeitig Schlüsselbegriffe herausfiltern und auf einem gesonderten Blatt notieren.	
Wiederum abschnittweise den zu lernenden Stoff anhand der Notizen mit eigenen Worten wiederholen.	
Eigene Notizen mit der Mitschrift aus dem Unterricht vergleichen und miteinander verbinden. Bilder, Schaubilder, Statistiken auf ihren Aussagewert hinterfragen – das heißt, mit eigenen Worten erklären, was auf einem Bild zu sehen ist, was ein Schaubild darstellt und was ich aus einer Statistik ablesen kann.	
Den gesamten Text im Buch nochmals durchlesen, Notizen evtl. korrigieren oder ergänzen. Buch schließen und den Stoff anhand der Notizen in ganzen Sätzen laut vortragen. (Auf Band/Kassettenrecorder?)	

Sollte sich der Erfolg trotzdem nicht in Form von guten Noten einstellen, scheue dich nicht, deinen Lehrer zu fragen, was du noch besser machen müßtest.

Wenn du mitmachst, bleibe ich bei meiner Erfolgsgarantie. Entscheide dich heute noch. Das Programm beginnt mit der ersten Stufe ...

Was hältst du davon, wie Quakos dieses Thema sieht?

Wer sich verbessern will, muß sich klar entscheiden und seinen Vorsatz sofort in die Tat umsetzen.

Mitarbeit heißt auch Arbeit. Jede Arbeit ist schwer. Erst wenn man sie richtig anpackt, wird sie leichter und macht auf einmal sogar Spaß.

Für mein persönliches Erfolgsprogramm brauche ich eine eigene Checkliste, teilweise kommt es auf ganz andere Punkte an.

Angst vorm Sprechen?

Prominenten-Umfrage

Wim Thoelke

1. *Was war Ihnen in der Schule lieber: die schriftliche oder die mündliche Prüfung?*

   Das war mir eigentlich egal. Allerdings bieten schriftliche Prüfungen dem geübten Schüler Möglichkeiten, Wissenslücken durch Hilfe aus dem menschlichen Umfeld zu stopfen.

2. *Haben Sie in ihrer Schulzeit gern Gedichte vor der Klasse aufgesagt?*

   Jain. Auswendiglernen fällt mir leicht und mit Vorträgen vor anderen hatte ich nie Probleme – aber unsere Klasse war nicht sehr lyrisch veranlagt und in diesem Alter möchte man gerne genau so sein wie jeder andere Klassenkamerad.

3. *Ist es Ihnen schon einmal richtig schwergefallen, vor einer Gruppe zu sprechen?*

   Ja – bei der mündlichen Abiturprüfung in Latein vor dem Prüfungsgremium. Sonst kenne ich da keine Schwierigkeiten.

4. *Warum zählt das Schriftliche mehr als das Mündliche?*

   Ist das so? Wenn ja, dann vielleicht deshalb, weil eine schriftliche Äußerung mehr mit Denken zu tun hat als eine mündliche.

5. *Sollte Rhetorik als eigenes Unterrichtsfach in den Lehrplan aller Schulen aufgenommen werden?*

   Das kann ich nicht beurteilen. Es wäre ja wohl auch eine Frage geeigneter Lehrer.

6. *Haben Sie einen Tip für junge Menschen, denen es schwerfällt, in der Schule »den Mund aufzumachen«?*

   Keinen Tip, aber vielleicht einen Trost: Der stillste und zurückhaltendste Junge in meiner Klasse war gleichzeitig unser mit Abstand bester Schüler. Ich habe ihn erst vor ein paar Monaten getroffen. Er hat sich auch im Leben erfolgreich behauptet.

   Mit oder ohne Rhetorikunterricht wird es auch in Zukunft die Stillen und die weniger Stillen geben. Die Geschichte und der Rückblick auf die Menschheitsentwicklung lehren, daß der Mensch so einfach nicht zu ändern ist.

Wie Geschichte spannend wird

Geschichte besteht aus Geschichten

Was fällt dir zu dem Stichwort »Marathon« ein? Denkst du dabei an den Marathonlauf? Weißt du, über welche Strecke dieser längste olympische Läuferwettbewerb geht? Ich habe zur Sicherheit im Lexikon nachgeschaut: 42.195 Meter. So exakt hatte ich die Zahl nicht mehr im Kopf. Aber die Geschichte, den historischen Hintergrund, kenne ich noch haargenau.

490 v.Chr. siegte ein athenisches Heer unter Miltiades über die in der Ebene von Marathon gelandeten persischen Truppen. Um die Siegesnachricht so schnell wie möglich in Athen verkünden zu können, ist ein Mann unter Aufbietung seiner gesamten Kräfte von Marathon nach Athen gelaufen. Das waren genau 42.195 Meter. Das Tragische an der Geschichte: Im Ziel ist der Marathonläufer total erschöpft zusammengebrochen – er war auf der Stelle tot.

Diese Runden hier sind für dich auch eine Art Marathon. Etwas, das sehr lange dauert und dadurch sehr anstrengend und ermüdend ist. Wenn du aber bis jetzt durchgehalten hast, wirst du auch die letzten Meter noch schaffen. Bei Zeus, ich wünsche dir, daß du nicht völlig erschlagen im Ziel ankommst. Der Siegeslorbeer winkt, die Anerkennung deiner Leistungen.

Um dein Durchhaltevermögen zu trainieren, versuche einen persönlichen Zugang zur Geschichte zu finden. Am besten beginnst du mit dir und der Geschichte deiner Familie. Übrigens gibt es für dieses Spezialgebiet sogar einen eigenen Fachausdruck: Genealogie.

- Was bedeutet mein Familienname?
- Gibt es eine genealogische Tafel (Ahnentafel) für meine Familie?
- Wie weit kann ich meine Familie zurückverfolgen?
- Welche Berufe hatten meine persönlichen Vorfahren?

Geschichten gibt es von deiner Familie ...

Es gibt einige hochinteressante Bücher zur Genealogie. Spüre sie einmal in einer Bibliothek auf.

Deine Eltern und Großeltern oder andere Verwandte können dir vielleicht aus eurer Familiengeschichte berichten.

Hast du ausreichend viele Mosaiksteinchen zusammengetragen, kannst du deine Erkenntnisse zu einem Kurzreferat zusammensetzen. Wenn du es bei einem Familienfest vorträgst und eventuell noch alte Fotos dazu zeigst, ist dir Applaus für die Geschichte sicher. Aber die eigentliche Belohnung findest du schon bei der Vorbereitung, bei deinen Forschungsarbeiten.

Ich habe noch ein paar andere Ideen gesammelt, wie du in Geschichte auf den Geschmack kommen könntest: Gehe ganz bewußt durch deine Stadt und halte Ausschau nach auffallenden Häusern mit alten Inschriften. Mach eine Fotosafari, fotografiere Ausschnitte von historischen Bauwerken und

arbeite anhand der Fotos einen Diavortrag oder ein Quiz aus. Du findest für dein Angebot bestimmt ein interessiertes Publikum. Und seien es »nur« zwei alte Freunde.

... und von dem Ort, in dem du wohnst

Frage deine Eltern und Großeltern nach ortsbezogenen Sagen und Anekdoten. Alles, was du bei deinen Streifzügen zusammenträgst, kannst du zu einer aufregenden Stadtrally vermischen. Das wäre übrigens eine echte Alternative zu manch einfallsloser Geburtstagsfete.

Gibt es vielleicht sogar ein museumspädagogisches Zentrum in deiner Stadt oder in der Nähe? Ich denke dabei nicht an ein verstaubtes Museum, sondern an Ausstellungen und Veröffentlichungen, die speziell für Kinder und Jugendliche zusammengestellt wurden.

Über Geschichte gibt es Bücher mit Geschichten ...

Es gibt eine Reihe äußerst spannender historischer Romane für Jugendliche zu allen Epochen der Weltgeschichte, auch als Taschenbücher. Im Buchhandel oder in einer Leihbücherei findest du bestimmt einen Schmöker, der in der Zeit spielt, die ihr gerade in Geschichte behandelt.

... und in manchem Kinofilm erfährst du mehr über Geschichte als in vielen Unterrichtsstunden

Durchforste einmal eine Zeitlang das Kinoprogramm. Du findest bestimmt einen Film, der in einem historischen Rahmen spielt. Opfere das Eintrittsgeld für einen solchen Film, auch wenn du weißt, daß es tollere Streifen gibt. Vielleicht trainierst du dein Durchhaltevermögen in dieser Hinsicht bei einer entsprechenden Fernsehsendung – ohne um- und abzuschalten.

Dein eigenes Museum

Stelle ein eigenes Familienmuseum zusammen, das du auch einer kleinen Öffentlichkeit zugänglich machen kannst. Exponate (Ausstellungsstükke) können Fotos sein, Opas esbitbetriebene Dampfmaschine oder Omas erste Skiausrüstung mit der technisch ungemein aufwendigen Kandahar-Bindung, bestehend aus einem einzigen Lederriemen.

Stöbere auf dem Speicher oder Flohmarkt nach alten Küchengeräten oder antikem Spielzeug. Vielleicht findest du daheim auch verstaubte Urkunden, Meisterbriefe oder andere Auszeichnungen.

Ißt du gerne mal etwas Besonderes? Versuche es doch einmal abwechslungsweise mit »Vieille Cuisine«. Grabe in einem Uralt-Kochbuch ein historisches Rezept aus. Probiere es aus. Römischer Schweinebraten mit Minzesoße, zum Beispiel, ist etwas äußerst Delikates. Deine Gäste sollten allerdings kerngesunde widerstandsfähige Leute sein.

Es gibt bestimmt einen Anlaß, wo sich mit den alten Klamotten aus Omas und Opas Tanzstundenzeit eine Modenschau veranstalten läßt. Als

Conferencier könntest du den historischen Zusammenhang zwischen Kleidern, Zeitgeschichte und damaligen Besitzern herstellen.

Wo liegen – neben Geschichte – deine Freizeitinteressen? Auch zu diesem Bereich gibt es irgendwo ein Spezialmuseum. Ob aus Technik, Sport, Musik oder Freizeitindustrie, alles hat seine Entstehungsgeschichte. Blättere einmal in einem entsprechenden Museumsführer. Das könnte der erste Schritt sein, daß du dich eines Tages aufmachst, das Deutsche Kriminalmuseum in Rothenburg o.d.Tauber zu besichtigen.

Nach soviel Vorschlägen fragst du dich wahrscheinlich, ob du für eine Note in Geschichte diesen ganzen Aufwand betreiben sollst. Nein, dann hättest du mich gründlich falsch verstanden. Wenn du dich mit den geschichtlichen Erfahrungen unserer Vorfahren beschäftigst und auseinandersetzt, ist die Belohnung weitaus höher. Es kann deine ganze Einstellung zu Geschichte verändern. Die Fähigkeit, in die Vergangenheit zu schauen, weckt das Bedürfnis und schafft die Grundlage, gelassener und zuversichtlicher in die Zukunft zu blicken. Und dabei taucht dann bestimmt ein Silberstreifen am Notenhimmel auf.

Und das ist Geschichte aus der Froschperspektive:

Geschichte ist für mich ein Marathon: Alles zieht sich ewig lang dahin, ist anstrengend und ermüdend – und am Ende bin ich ganz fertig.

Es gibt viele Wege, Interesse an und für Geschichte zu wecken. Den besten Weg finde ich mit dem ersten Schritt.

Was ich in und für Geschichte tun will, muß ich konkret beim Namen nennen. Nur wenn ich überzeugt bin, daß ich dieses Ziel erreiche, ist es richtig formuliert.

Hic iacet lepus in pipere

»Latein! Latein! Latein! Muß das denn sein? Kannst du mir sagen, Anekdoteles, wozu diese geistigen Klimmzüge gut sein sollen?« So höre ich dich jammern. Da kann ich nur sagen: »Einiges steht dafür, vieles dagegen. Doch allein, daß du uns bis hierher gefolgt bist, cara amica et care amice, beweist, daß du dich in dieser wunderbaren Sprache zu vervollkommnen suchst. Auch wenn die Schule dir nicht Spiel, sondern quälende Mühsal ist, sei doch dessen eingedenk, daß die Beschäftigung mit den Wissenschaften und den schönen Künsten allein dich zum Lichte der Weisheit zu führen vermag. Verzage nicht! Per aspera ad astra!« – So geschwollen kam dir meine Rede sicher seit langem nicht mehr vor. Ist es das, was dich an Latein so stört?

Nicht: Soll ich? – sondern: Wie kann ich?

Wie auch immer, laß uns gleich medias in res gehen, also voll einsteigen. Nicht die Frage: »Ist Latein zu lernen sinnvoll?« soll unsere Frage sein, sondern: »Wie lerne ich sinnvoll Latein?«

Zunächst einmal: Nicht aus dem hohlen Bauch, sondern mit System und Struktur. Erahnen und erfühlen, was gemeint sein könnte, bleibt exzellenten Lateinern vorbehalten. Fürs Fußvolk – ich zähle mich dazu und erlaube mir, dich in diesen Kreis einzuschließen – gibt es nur diesen Weg: Wörter und Grammatik pauken und dann systematisch anwenden. Systematisch anwenden heißt, einen Leitfaden benutzen, der dir den rettenden Weg aus einem Satzlabyrinth zeigt. Das ist wie der Ariadnefaden. Du hast bestimmt schon von der Geschichte gehört. Die Göttin Ariadne gab Theseus ein Garnknäuel, mit dem er aus dem Labyrinth von Knossos wieder herausfand, sich retten konnte.

Ein sicherer Weg durch's lateinische Labyrinth

Wenn ich dich jetzt in ein Gebilde locke, das dich auf den ersten Blick an ein Labyrinth erinnert, gebe ich dir einen Ariadnefaden mit. Das sind die Pfeile in dem Flußdiagramm.

In einen Flußdiagramm sind die einzelnen Arbeitsschritte in einer bestimmten Reihenfolge festgelegt. Wie und wo es weitergeht, entscheidest du mit deinen Antworten.

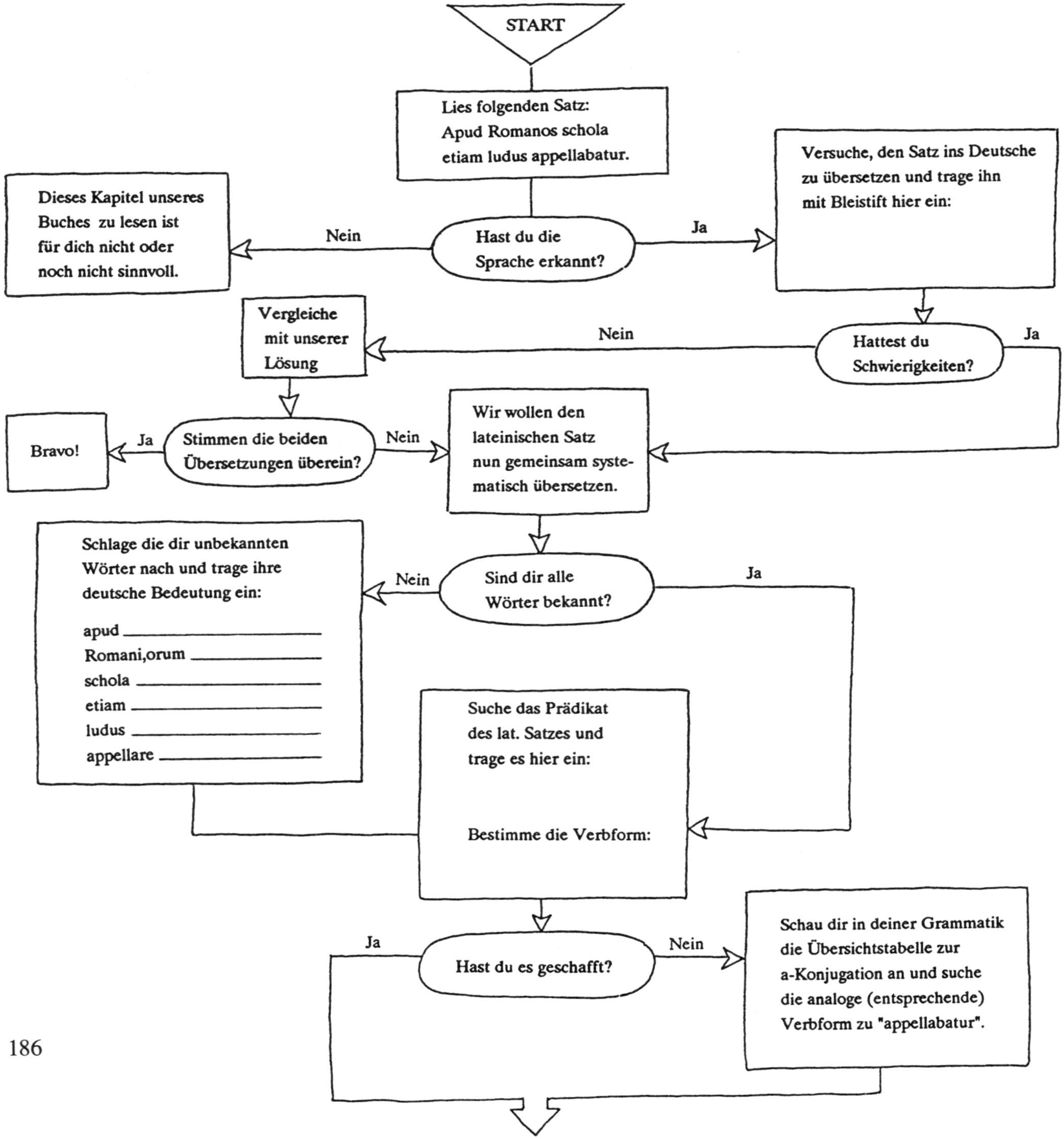
START
Lies folgenden Satz:
Apud Romanos schola etiam ludus appellabatur.
Hast du die Sprache erkannt?
Nein
Dieses Kapitel unseres Buches zu lesen ist für dich nicht oder noch nicht sinnvoll.
Ja
Versuche, den Satz ins Deutsche zu übersetzen und trage ihn mit Bleistift hier ein:
Hattest du Schwierigkeiten?
Nein
Vergleiche mit unserer Lösung
Stimmen die beiden Übersetzungen überein?
Ja
Bravo!
Nein
Ja
Wir wollen den lateinischen Satz nun gemeinsam systematisch übersetzen.
Sind dir alle Wörter bekannt?
Nein
Schlage die dir unbekannten Wörter nach und trage ihre deutsche Bedeutung ein:
apud
Romani,orum
schola
etiam
ludus
appellare
Ja
Suche das Prädikat des lat. Satzes und trage es hier ein:
Bestimme die Verbform:
Hast du es geschafft?
Ja
Nein
Schau dir in deiner Grammatik die Übersichtstabelle zur a-Konjugation an und suche die analoge (entsprechende) Verbform zu "appellabatur".

Trage hier die Übersetzung ein:

Ermittle mit der Frage "wer oder was" diejenigen Substantive, die als Subjekt in Frage kommen, also im Nominativ stehen:

____________________ ____________________

Bist du klar gekommen?

Nein

Schlage in deiner Grammatik zur a-Deklination und zur o-Deklination nach, vergleiche die Endungen im Nominativ mit den Substantiven unseres Beispielsatzes.

Ja

Übersetze die adverbiale Bestimmung der Zeit "apud Romanos" ins Deutsche.

Hier noch einmal der ganze Satz im Überblick. Übertrage ihn zum Schluß in der Zusammenschau der einzelnen Satzbestandteile ins Deutsche.

Apud Romanos schola etiam ludus appellabatur.

Bravo !
Pause einlegen!

Das war zwar ein leichtes Beispiel, doch im Prinzip läuft das Schema bei jedem Satz, den du zu übersetzen hast, gleich ab. Als kreativ kann man dieses Übersetzen sicher nicht bezeichnen. Aber darin gerade liegt deine Chance, dir im Unterricht auch einmal Gehör zu verschaffen.

Im Lateinischen ist das Risiko in jedem Fall kalkulierbar. Wenn du über ein gewisses Kontingent an Wörtern, ein durchschnittliches Know-how im Übersetzen und eine solide Grammatik-Grundausstattung verfügst, bist du notenmäßig garantiert im Mittelfeld vertreten. Denn vor großen Überraschungen bist du in diesem Fach absolut sicher: Der Wortschatz verändert oder erweitert sich nicht, Karthago ist bereits 146 v.Chr. zerstört worden, und du mußt nicht einmal über die aktuelle Tagespolitik informiert sein, wenn du zu Ciceros Reden gegen Catilina Stellung nehmen sollst.

Apropos Cicero: Dieser berühmteste Redner seiner Zeit war Staatsmann und Rechtsanwalt. Zwei Berufe, zu deren Alltag es auch heute noch gehört, sich selbst und seine Sachkenntnis vor großem Publikum mündlich darzustellen. Gerade der Lateinunterricht bietet dir ganz andere Möglichkeiten der mündlichen Mitarbeit als andere Fächer. Hier kannst du Sprecherfahrung sammeln und dich auch im Fach selbst verbessern. Also: Mündlich gut – auf zweifache Weise, in Latein und durch Latein.

Wie siehst du das?

Das Flußdiagramm mache ich zu meinem heimlichen Heimtrainer

Den Spruch muß ich mir merken:
Hic iacet lepus in pipere – hier liegt der Hase im Pfeffer.

Latein bietet andere Ansatzmöglichkeiten für mündliche Beiträge – eine überlegenswerte Chance.

Was spricht überhaupt noch für Latein?

Für diese Runde habe ich mir vorgenommen, dir noch eine Handvoll Tips zu geben, wie du systematisch zu besseren Lateinnoten kommst. Möglicherweise ist das auch das einzige, was dich an Latein interessiert? »Wo, du lieber Anekdoteles, braucht man denn dein altes Griechisch oder das alte Latein wirklich noch?«, hältst du mir vielleicht entgegen. Dann muß ich dir unbedingt ein paar Sätze zeigen, die ich mitgeschrieben habe, als ein Vollblutmagister eine feurige Rede »Latein als Fundamentalsprache« hielt:

Wem oder was nützt Latein?

»Muß immer alles einen Nutzen haben? Muß immer ein Ergebnis sichtbar werden, ein Gewinn herausspringen? Wenn ich mein Tun nur vom Nützlichkeitsdenken bestimmen lasse, ich käme nicht einmal zum Küssen. Was kommt denn bei einem Kuß schon heraus?

Die Sprache ist wichtigstes Werkzeug unseres Denkens

Mit Bildung ist das ganz ähnlich. Wenn ich weiß, auf welchen Knopf ich drücken muß, damit aus einer Maschine etwas herauskommt, sie ein Ergebnis ausspuckt, so ist das keine Bildung. Wenn ich weiß, wie eine komplizierte Maschine funktioniert, so ist das ein erstaunliches Fachwissen und vielleicht der Anfang der Bildung. Aber wenn einer weiß, wann und warum er die Maschine nicht einsetzen darf – und es dann auch nicht tut – so kann man von einem Gebildeten sprechen. Mit anderen Worten: Nur wenn der Mensch im Mittelpunkt des Denkens und Handelns steht, kann überhaupt von Bildung die Rede sein. Auf den Umfang des Wissens kommt es dabei gar nicht an.

Latein macht die Struktur unserer Sprache sichtbar

Bildung macht geistige Haltung sichtbar. Lateinunterricht soll Sprache als ein geistiges Ordnungssystem sichtbar machen. An dieser Sprache soll man lernen, was Sprache überhaupt ist.

Lateinlernen schult nicht nur den Umgang mit Sprache überhaupt, sondern auch den Umgang mit der Muttersprache. Man lernt einerseits beispielhaft eine grammatische Struktur durchschauen und ist andererseits durch das ständige Übersetzen gezwungen, sich um treffenden Ausdruck zu bemühen.

Sag's genau: Sprich lateinisch

Lateinlernen erzieht zur Genauigkeit, zur Arbeit am Detail, bekämpft Flüchtigkeit und Oberflächlichkeit. Lateinlernen heißt Konzentrationsfähigkeit und diszipliniertes Denken einüben, geduldiges Ausharren auch in schwierigen Situationen. Es ist ein Unterschied, ob man über eine Sache nur in der Muttersprache redet oder ob man gezwungen ist, mühsam und sehr bedacht, Wort für Wort aus der anderen Sprache zu übertragen.

Rückkoppelung jeder Einzelheit ans Ganze und gleichzeitig Aufbau des Ganzen aus den Einzelheiten, zuordnen, abtrennen, abwägen, Synthesen finden – all das gehört zur Grundmethode wissenschaftlichen Arbeitens.

So gilt Latein zu Recht als Fundamentalsprache.

Sicherlich kann man auch ohne Latein sehr gut leben. Es gibt sehr viele Dinge, ohne die man sehr gut leben kann.«

Herr Ober – die Lateinkarte bitte!

Macht diese Rede dir ein bißchen Appetit auf dieses Fach? Dann will ich dir gern meine »Menü-Vorschläge« servieren:

- Erledige auch mündliche Hausaufgaben auszugsweise schriftlich. Du kannst dann vor der Stunde deinen Notizzettel nochmal überfliegen und ihn während der Stunde neben dein Buch legen. Das gibt dir Sicherheit.

- Scheue dich nicht, Vokabeln, Konjugationen und Deklinationen oder grammatikalische Beispielsätze laut zu lernen. Nutze jede mögliche Gelegenheit, dich an deine »Unterrichtsstimme« zu gewöhnen.

- Auf mindestens jede zweite Unterrichtsstunde bereitest du dich so sorgfältig vor, daß du von dir aus aufgerufen werden willst. Schließlich sollen deine Bemühungen ihren gerechten Lohn bekommen. Gelegentlich dürfen wir den berühmten Satz auch umbauen: Non vitae, sed scholae discimus ...

- Den Einstieg in die mündliche Mitarbeit findest du am besten beim Abfragen der Wörter. Hier wirst du bestimmt von Anfang an Erfolg haben, denn du weißt ja, daß du die Vokabeln kannst. Melde dich freiwillig. Denn jeder noch so zurückhaltende Mensch muß irgendwann einmal ein Wort von sich geben, um für seine Umwelt überhaupt existent zu sein.

Hast du sehr viele Versäumnisse aus der Vergangenheit aufzuholen, wirst du wahrscheinlich nicht ohne fremde Hilfe zurechtkommen. Engagiere dir für eine begrenzte Zeit einen Nachhilfelehrer, der mit dir den Nachholstoff zusammenstellt und auch verschiedene Lernmethoden mit dir ausprobiert.

Nach ein, zwei Jahren hast du im Lateinischen ein Niveau erreicht, mit dem du selbst als Nachhilfepauker antreten kannst. Eingeweihte kennen das schon von Seneca: Docendo discimus. Wer andere unterrichtet, lernt selbst am meisten dabei – und verdient in diesem Fall obendrein noch ein paar Mark Taschengeld.

Darüber freut sich unser kleiner Froschmann:

Wenn ich richtig überlege, kann eine tote Sprache sehr lebendig sein.

Docendo discimus – als wirkungsvolle Lernmethode kaum zu schlagen.

Hic haerat aqua – hier hakt es aus.

Angst vorm Sprechen?

Prominenten-Umfrage

Karl Senne

1. *Was war Ihnen in der Schule lieber: die schriftliche oder die mündliche Prüfung?*

   Die schriftliche Prüfung war mir lieber, weil sie mir häufig die mündliche erspart hat.

2. *Haben Sie in ihrer Schulzeit gern Gedichte vor der Klasse aufgesagt?*

   Nein, überhaupt nicht. Ich hatte große Hemmungen.

3. *Ist es Ihnen schon einmal richtig schwergefallen, vor einer Gruppe zu sprechen?*

   Sehr oft. Erst seit etwa 20 Jahren macht es mir Spaß, vor Gruppen zu sprechen. Damals habe ich auf kommunaler Ebene in der Politik viel üben können.

4. *Warum zählt das Schriftliche mehr als das Mündliche?*

   Weil man sich im Schriftlichen nicht »herausreden« kann, nicht »um den heißen Brei reden kann«.

5. *Sollte Rhetorik als eigenes Unterrichtsfach in den Lehrplan aller Schulen aufgenommen werden?*

   Ja, unbedingt, weil die wirklich wichtigen Prüfungen im Leben alle mündlich stattfinden.

6. *Haben Sie einen Tip für junge Menschen, denen es schwerfällt, in der Schule »den Mund aufzumachen«?*

   Sich immer wieder auf's Neue überwinden, auch dann »den Mund aufzumachen«, wenn keine druckreifen Sätze herauskommen. Mut zur Unvollkommenheit!

Zur Hölle mit dem »Erdkäs«

»Diese Tante DU – Dauernd Unterwegs! Dabei ist sie schon über siebzig . So könnte ich das Leben auch gut aushalten.« Martina liegt auf dem flauschigen Teppich, neben ihr der Brief von Tante Vera. Martina ist mit ihren Gedanken weit, weit weg. Sie würde jetzt gerne mit ihrer Tante tauschen.

Auf die Plätze – fertig – Erdkunde!

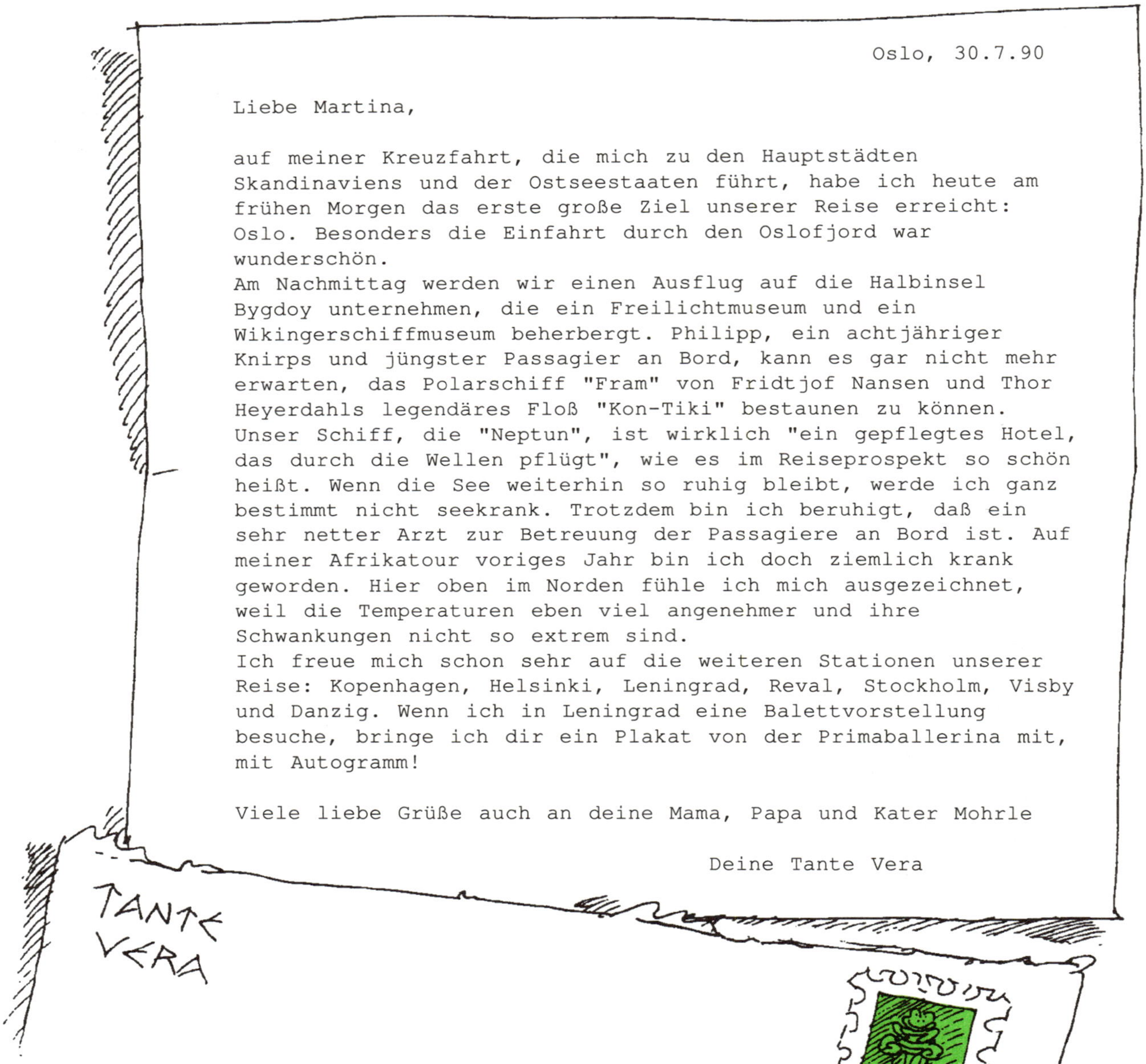

Oslo, 30.7.90

Liebe Martina,

auf meiner Kreuzfahrt, die mich zu den Hauptstädten Skandinaviens und der Ostseestaaten führt, habe ich heute am frühen Morgen das erste große Ziel unserer Reise erreicht: Oslo. Besonders die Einfahrt durch den Oslofjord war wunderschön.
Am Nachmittag werden wir einen Ausflug auf die Halbinsel Bygdoy unternehmen, die ein Freilichtmuseum und ein Wikingerschiffmuseum beherbergt. Philipp, ein achtjähriger Knirps und jüngster Passagier an Bord, kann es gar nicht mehr erwarten, das Polarschiff "Fram" von Fridtjof Nansen und Thor Heyerdahls legendäres Floß "Kon-Tiki" bestaunen zu können.
Unser Schiff, die "Neptun", ist wirklich "ein gepflegtes Hotel, das durch die Wellen pflügt", wie es im Reiseprospekt so schön heißt. Wenn die See weiterhin so ruhig bleibt, werde ich ganz bestimmt nicht seekrank. Trotzdem bin ich beruhigt, daß ein sehr netter Arzt zur Betreuung der Passagiere an Bord ist. Auf meiner Afrikatour voriges Jahr bin ich doch ziemlich krank geworden. Hier oben im Norden fühle ich mich ausgezeichnet, weil die Temperaturen eben viel angenehmer und ihre Schwankungen nicht so extrem sind.
Ich freue mich schon sehr auf die weiteren Stationen unserer Reise: Kopenhagen, Helsinki, Leningrad, Reval, Stockholm, Visby und Danzig. Wenn ich in Leningrad eine Balettvorstellung besuche, bringe ich dir ein Plakat von der Primaballerina mit, mit Autogramm!

Viele liebe Grüße auch an deine Mama, Papa und Kater Mohrle

Deine Tante Vera

Martina überlegt: »Oslo, Kopenhagen, Helsinki, wo ist das denn alles überhaupt?« Sie steht auf und will im Atlas nachschauen. Doch als sie ihren Schulatlas auf dem Schreibtisch sieht, verliert sie augenblicklich die Lust nachzuschauen. »Atlas, Landkarten zeichnen, Höhenlinien ausmalen, Bodenschätze suchen«, seufzt sie, »nein, das ist Schule, das ist Erdkäs, das tue ich mir jetzt nicht an!«

Sie legt sich wieder auf den Teppich und erzählt mir: »So blamiert habe ich mich schon lange nicht mehr. Ich stand vor der Landkarte, wie die Kuh vorm Berg. Usbekistan habe ich auf dieser riesigen Landkarte beim besten Willen nicht entdecken können. Die Bodenschätze der UdSSR interessieren mich nun einmal nicht so brennend. Ich weiß schon, daß die russischen Erdgaslieferungen an die Bundesrepublik für unsere Wirtschaft ungemein wichtig sind. Doch wenn ich vor der Klasse stehe, ist alles oft wie weggeblasen.«

Dieser kurze Besuch bei Martina hat mich angeregt, für alle »Martinas« und »Martins« einen Katalog von Hilfsmaßnahmen für die Bekämpfung der »Naturkatastrophe Leistungserhebung« (ein tolles Wort für Ausfragen) zusammenzustellen:

Ich will
die nächste Erdkundestunde besonders gut vorbereiten.

Auch hier: Mitdenken – Mitschreiben ...

Ich beginne
in der nächsten Stunde damit, während des Unterrichts möglichst viele fachbezogene Informationen zu speichern. Ich höre zu, notiere alles, was an der Tafel steht, und ergänze es mit eigenen Begriffen. Wenn ich etwas nicht verstanden habe, frage ich und schreibe die Antwort auf.
Ich mache mich mit der Symbolsprache des Kartenmaterials (Farbschattierungen, Grenzen, Bodenschätze, Klima, usw.) mehr und mehr vertraut. So kann ich die Landkarte als Orientierungshilfe nutzen, zumal ich sie während der Stunde vor Augen habe. Ich probiere ein eigenes Merksystem aus, um mir die Positionen von Gebirgen, Gewässern, Landschaften und Städten gut einprägen zu können.

Lernportionen und Notizzettel

Ich erarbeite
mir zu Hause eine Methode, wie ich den Lernstoff in Portionen aufteile. Ich vergewissere mich im Hausaufgabenheft, was zu lernen ist,

lege mir die nötigen Lernmittel (Buch, Heft, Atlas, Notizzettel, Bilder) zurecht und beginne, den Text im Buch abschnittsweise zu lesen. Auf einem Notizzettel schreibe ich stichpunktartig das Wichtigste auf und vergleiche es mit meinem Hefteintrag.

Ein Bild sagt mehr als tausend Worte: Der Atlas

Parallel dazu benutze ich den Atlas und suche jede Information aus dem Buchtext auf der entsprechenden Karte. So kann ich die Namen von »Stadt, Land, Fluß« viel besser behalten, weil ich sie doppelt verankere. Ich mogle mich auch um die Auswertung von grafischen Darstellungen, Statistiken oder Klimakarten nicht herum. Wenn ich absolut nicht damit zurecht komme, organisiere ich mir Hilfe. Irgendjemand aus der Klasse muß ja mit der Karte »Luftdruck und Winde im Januar« etwas anfangen können. Jedenfalls will ich Kartenlesen als Lernhilfe kennenlernen.

Sich selbst prüfen: Der Vortrag

Ich überprüfe
meine Kenntnisse, indem ich mich abfrage. Anhand einer Gliederung, die wirklich nur die wichtigsten Stichpunkte enthalten darf, trage ich mir selbst langsam, laut und deutlich in ausformulierten Sätzen den erlernten Stoff vor, als würde ich ausgefragt. Wenn ich das noch nicht schaffe, nehme ich Stift und Papier zur Hand und formuliere meine Stichpunkte in fünf bis zehn Sätzen schriftlich aus.
Das Vortragen anhand von Stichpunkten übe ich so lange, bis ich mit mir selbst zufrieden bin. Ein hartes Training, das sich aber immer lohnt.

Freiwillige vor!

Ich beherrsche
den Erdkundestoff so gut, daß ich einer Leistungserhebung getrost entgegenblicken kann. Krönender Abschluß: Ich melde mich freiwillig.

Martina hat die ganze Zeit auf dem Teppich gelegen, die Arme hinter ihrem Kopf verschränkt, und hat aufmerksam zugehört. Sie spielt nervös mit ihren Haaren. »Gut und schön«, sagt sie, »ich habe aber noch was anderes zu tun, als mich nur für Erdkäs abzurackern!«

Vielleicht siehst du das ähnlich. Wenn du in Erdkunde aber vorübergehend ins Schwimmen geraten bist, hilft dir eine durchorganisierte Rettungsaktion am schnellsten. Beginne damit an einem Tag, der am wenigsten von anderen Terminen vollgepackt ist. Am besten dann, wenn du die nächste

Erdkundestunde erst in zwei oder drei Tagen hast. Ich kann mir nicht vorstellen, daß das bei dir nicht gehen sollte. Jedenfalls habe ich in Jahrtausenden noch keinen hoffnungslosen Fall erlebt.

Das bestätigt sogar mein ewig skeptischer Begleiter:

Einmal eine Erdkundestunde ohne jeden Zeitdruck vorbereiten, muß was Wunderbares sein.

Kartenlesen mit System bedeutet: Lernen mit Merkhilfen.

Erdkunde ist mehr als nur zu wissen, wo Oslo liegt. Erdkunde heißt, die Umwelt des Menschen kennenlernen.

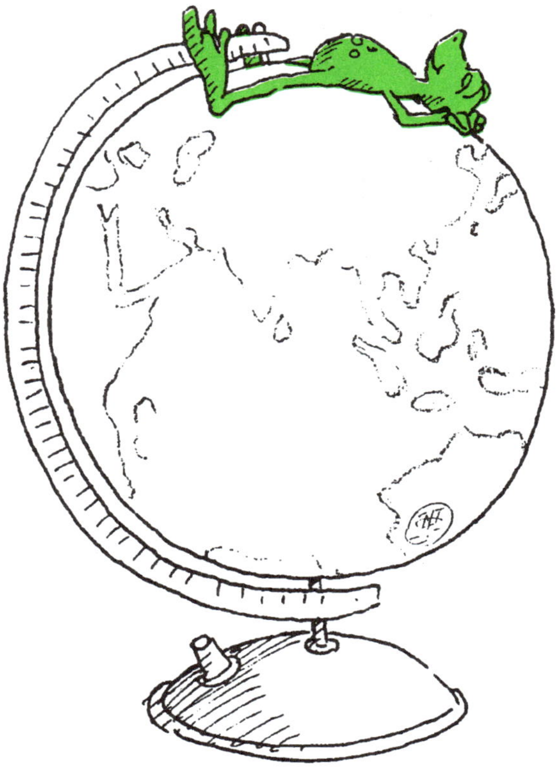

Erdkunde – nein danke!?

Der Wind rüttelt wie wild an den Klappläden und peitscht den Regen an die Scheiben. Barbara hat sich mit einer Kuscheldecke auf die Couch verkrochen. Eigentlich hatte sie sich mit einer Freundin zum Rollschuhlaufen verabredet. Doch bei diesem Wetter – kein Drandenken!

Auf dem Tischchen vor der Couch liegt eine aufgeschlagene Zeitschrift: Tiefblaues Meer, Sandstrand, blauer, leicht bewölkter Himmel und Palmen. In der Mitte des Bildes vier dunkelhäutige Buben mit lachenden Gesichtern und blinkend weißen Zähnen. Sie ziehen und schieben ihr kleines Boot aufs Wasser. Darüber steht in fetten Lettern: »10 Traumreisen zu gewinnen«.

Unser blauer Planet ist nicht nur rund

Gedankenverloren schaut Barbara durchs Fenster. Eine starke Windböe fährt in die weitausladenden Kronen der mächtigen Kastanien des gegenüberliegenden Wirtsgartens vom Mayer-Wirt. Viele Wörter, die sie in den vergangenen Wochen im Fernsehen oder Radio immer wieder gehört hat, jedoch nichts damit verbinden konnte, gehen ihr durch den Kopf: Klimakatastrophe, Treibhauseffekt, Ozonloch und wie sie alle geheißen haben. Und Opa, der immer so ruhig und bedächtig ist, Opa hat etwas Merkwürdiges gesagt: »Die Erde wird immer un-geduldiger.«

»Was das wohl bedeuten mag?« Barbara wickelt ihre Beine ganz fest in die Kuscheldecke. Halblaut spricht sie mit sich selbst: »Sicherlich hat das alles mit diesen Stürmen zu tun. Wen könnte ich denn da fragen? Mama sagt, dafür sei mein Erdkundelehrer zuständig. Ich glaube das nicht, weil ich mir gar nicht vorstellen kann, daß mich etwas interessieren sollte, was mit Erdkunde zu tun hat. Und außerdem müßte ich Herrn Krammer im Unterricht extra ansprechen; das mag ich überhaupt nicht. Nein, so wichtig ist das auch gar nicht.«

Während Barbara sich selbst beschwichtigt, schaut sie doch voller Sorge durchs Fenster auf die im Sturm ächzenden Kastanien. Nach ein paar nachdenklichen Augenblicken wendet sie sich wieder entschlossen ihrem Preisausschreiben zu und liest: »Ferien an Traumstränden der Karibik, am Indischen Ozean, am Atlantik, eine Flußkreuzfahrt und eine Tiersafari, eine

Wüsten- und Citytour können Sie gewinnen. 10 Reisen im Werte von 55.000 Mark!«

Na dann los! Barbara holt sich Bleistift und Radiergummi und stürzt sich ins Abenteuer: Hauptstadt von Senegal mit fünf Buchstaben – das geht gerade noch. Mit sorgfältiger Schrift trägt Barbara »Dakar« ein. 3 Senkrecht: Höchstes Bergmassiv Afrikas. Das fällt ihr jetzt nicht ein. 5 Waagrecht: Benediktinerstift in der Wachau. Weiß sie auch nicht. Barbaras Stimmung sinkt: »Wachau wohin gehört denn das eigentlich? – Dann eben keine Traumreise, drei Wochen Mexiko, Rundreise, Badeurlaub mit Flug ab München. Ab in die Sommerfrische. Sechs Wochen, mit Baden an der sanft abfallenden Küste des heimischen Badestrandes, dem Schwätzendorfer Weiher, mit Anreise ab Haustüre: Fünf Minuten mit dem Fahrrad.« Barbara ist von Ihrer Traumreise zurückgekehrt in die Wirklichkeit und nicht gerade in bester Stimmung. Ich spreche sie jetzt lieber nicht an.

Darf ich mich statt dessen an dich wenden? Gehörst du zu denen, die mit einem gewissen Stolz und einem Quäntchen Resignation behaupten, Erdkunde interessiere sie »nicht die Bohne«? Da behaupte ich das Gegenteil – und will es gern beweisen.

Ein täglicher Gesprächsstoff: Erdkunde

»Erdkunde« im weitesten Sinne liefert den Gesprächsstoff, dessen sich die breite Öffentlichkeit tagtäglich umfassend bedient. Wer unterhält sich denn schon über Mikroprozessoren und über die Spaltprodukte bei der Kernspaltung? Solche Themen sind wenigen vorbehalten. Die meisten Menschen beklagen die zu heiße oder zu kalte Witterung, sehnen sich im Frühling nach den ersten Sonnenstrahlen, erzählen sich am Montag von ihren Wochenendausflügen, ereifern sich meist zurecht über städtebauliche Veränderungen in ihrem Heimatort, argumentieren gegen den neuen Industriestandort, der direkt vor ihrer Haustür entstehen soll, setzen sich für den Bau von Radwegen von der Peripherie ins Stadtzentrum ein, fordern einen wirksameren Schutz der Lebensqualität in Innenstädten – alles Themen, die den Bereichen Wirtschaftsgeographie, Klimatologie, Meteorologie oder Sozialgeographie zuzuordnen sind. Bereiche, die sich in der Schule im Fach Erdkunde wiederfinden. Von dem, was ich aufgezählt habe, soll dich nichts interessieren? Das kann ich mir nicht vorstellen. Immerhin sind es Themen, von denen deine Zukunft und möglicherweise auch die unseres Planeten entscheidend mitbestimmt wird. Wer unmittelbar betroffen ist, sollte auch ein Wörtchen mitreden. Das ist zunächst einmal anstrengend, weil zum Mitreden mehr gehört, als drauflos zu schwätzen oder nett zu plaudern. Wer mitreden will, muß bereit sein, etwas zu tun.

Ist in meiner Ideensammlung etwas Passendes für dich dabei?

1. Idee:
Erkunde die Gegend unmittelbar vor deinem Wohnort, indem du dir eine Fahrradwegkarte besorgst, eine geeignete Tour ausarbeitest und Freunde bittest, mit dir auf Fahrt zu gehen. Hinterher kannst du dann euere Erlebnisse in Verbindung mit einem Dia-Abend zum Besten geben.

2. Idee:
Sammle Informationen über Sehenswürdigkeiten, Ausflugsziele, Tierparks, Museen, Sportmöglichkeiten, Kinos, Theater, Konzerte, Festivals, Biergärten, historische Feste, Ausstellungen – Informationen jeder Art über deine Region. Broschüren, Bücher und Prospekte bekommst du auf der Gemeinde- oder Stadtverwaltung, im Fremdenverkehrsbüro oder Kulturamt.

3. Idee:
Hast du nicht Lust, ein eigenes Hörbild über dein Heimatdorf oder deine Heimatstadt zusammenzustellen und auf Tonband aufzunehmen? Natürlich brauchst du ein Drehbuch hierzu. Du fixierst den Text erst schriftlich, wählst geeignete Musik zur Untermalung aus, planst Interviews mit dem Bürgermeister oder der Kulturamtsleiterin ein. Ein Projekt, das du am besten mit einem Freund oder einer Freundin in Angriff nimmst.
Was meinst du, wie sich dein Brieffreund aus Schottland, der ohnehin diesen Sommer zu dir kommen wollte, über deinen akustischen Gruß freut! Er wird sich von dir und deinem Lebensraum ein Bild machen können, das zehn Bildbände nicht aufwiegen können.

4. Idee:
Zum Bereich Erdkunde, Naturkunde, Reisen, Exkursionen und Expeditionen gibt das Fernsehen eine schier unüberschaubare Flut von Informationen. Hier kannst du das Angenehme mit dem Nützlichen verbinden. Wähle dir gezielt einen Film aus, eine Reportage über ein Land, das ihr gerade im Unterricht besprecht. Während der Sendung hältst du Notizzettel und Bleistift bereit, um wichtige Informationen, Fragen, Literaturhinweise und Adressen von Experten und Aus-

kunftsstellen notieren zu können. Anschließend gehst du deine Notizen nochmals durch und versuchst, die Hauptaussagen des Films in einer knappen Inhaltsangabe zusammenzufassen – mündlich natürlich!

Erinnerst du dich an Barbara, die zwar Erdkunde nicht ausstehen kann, doch gerne in ihren Träumen von Palmen, Sand und Meer schwelgt?
Auch Reisen will gelernt sein. Seit ihr Menschen »Flügel bekommen« habt, euch in wenigen Stunden in einen Tausende von Kilometern entfernten Teil unserer Erde bewegen könnt, ist es wichtiger denn je, in all der Hektik und Kurzlebigkeit auch noch Gefühle, Empfindungen und den Verstand im Reisegepäck mitzunehmen. Denn nur wer sich ernsthaft mit einer Reise beschäftigt und auseinandergesetzt hat, kann andere Menschen und andere Kulturen erleben und verstehen, ohne das Fremde durch Überheblichkeit und Unwissenheit zu demütigen oder zu zerstören. Hier ist intensive eigene Vorarbeit gefragt. Wer nur die grellen, farbenprächtigen Prospekte der Reiseveranstalter schnell überfliegt, kann eigentlich nicht mitreden.

Welchem Frosch-Kommentar kannst du diesmal zustimmen?

Es ist mir nicht egal, wie es auf unserer Erde aussieht.

Wenn es um meine Angelegenheiten geht, habe ich ein Wörtchen mitzureden. (Ist das nur eine ganz kleine Welt? Ist die Luft, die ich zum Atmen brauche, nicht mehr meine Angelegenheit?)

Umweltschutz ja – Erdkunde nein danke! Das gefällt mir schon – doch irgendwie paßt es nicht zusammen.

Aktion »Nußknacker«

Schon seit vielen Runden geht es mir im Kopf herum, eine »Aktion Nußknacker« ins Leben zu rufen. Dabei stelle ich mir vor, daß einige Schülerinnen und Schüler sich regelmäßig treffen, um harte Nüsse gemeinsam zu knacken. Mündliche Mitarbeit im Unterricht ist ja keine Angelegenheit nur für Einzelkämpfer. »Wer alleine arbeitet, addiert – wer zusammen arbeitet, multipliziert.« Das habe ich von einem alten Mathematiker gehört.

Ich machte mich auf die Suche nach einer Schülergruppe, die das bestätigen könnte. So traf ich auf »Öhmchen«, eine Schülerzeitung des Georg-Simon-Ohm-Gymnasiums in Alburg.

Zwei Redakteure des »Öhmchen« haben zwei Schülerinnen und zwei Schüler einer 9. Klasse genau zu diesem Thema interviewt:

Öhmchen Ihr seid also die »Teamworkers«, wie ihr euch selber scherzhaft nennt. Wollt ihr euch nicht kurz selbst unseren Lesern vorstellen?

Florian Ich heiße Flo, bin 15 Jahre alt und in der Klasse 9a. Meine Hobbys sind Schwimmen, Radfahren und meine zwei Aquarien.

Sandra Ich bin Sandra, bin 16 Jahre alt und auch in der 9a. Meine Hobbys sind Schlittschuhlaufen, Ballett, Theaterspielen und Lesen. In meiner Freizeit bummle ich gern mit meiner Freundin durch die Stadt.

Andreas Ich heiße Andy, bin 16 und auch in besagter 9a. Ich spiele gerne Fußball und Tennis, fotografiere und mag Rockmusik. Die Schule wäre ja erträglich, wenn es Mathe nicht gäbe.

Stefanie Ich heiße Steffi, werde in diesem Monat 16 und besuche auch die 9. Klasse. Ich höre gerne Musik, zweimal die Woche gehe ich zum Turnen in den Verein; außerdem spiele ich Gitarre und – meiner Mutter zuliebe – ein bißchen Klavier. Mit der Schule, vor allem mit Latein, habe ich nicht allzuviel am Hut.

Öhmchen	So, nun kennen wir euch ein bißchen. Die Redaktion vom »Öhmchen« hat zufällig von eurer Arbeitsgruppe gehört, und weil wir so angetan davon waren, haben wir euch spontan um dieses Gespräch gebeten. Was hat euch überhaupt auf die Idee gebracht, gemeinsam zu lernen?
Stefanie	Sandra, Andy und Flo kannten sich schon von der Grundschule her. Ich bin, als ich Sandras Freundin wurde, zu den dreien dazugestoßen, und es hat sich eine enge Freundschaft zwischen uns entwickelt. Besonders im Sommer wollten wir häufig etwas miteinander unternehmen, Schwimmen gehen oder etwas in der Richtung. Das klappte leider selten. Nach der Schule heimfahren, essen, kurz durchatmen, Hausaufgaben erledigen – im Nu war der Nachmittag verronnen, aber ohne Stadtbummel, Eisdiele, Baden oder so.
Öhmchen	Wunsch und Wirklichkeit klafften also weit auseinander?
Sandra	Das kann man wohl sagen! Aber Andy hatte dann eine tolle Idee, wie wir die Sache in den Griff bekommen könnten. Das heißt ...
Andy	Ich habe vorgeschlagen, unser Arbeitsvolumen zu verringern, indem wir unsere »Lernfilialen« zusammenlegen und unsere Arbeit durch Arbeitsteilung rationalisieren. Wir haben uns also regelmäßig getroffen, wobei jeder von uns für ein »Spezialfach« verantwortlich war.
Öhmchen	Wenn wir das recht verstanden haben, betreibt ihr Hausaufgabenbewältigung nach marktwirtschaftlichen Gesichtspunkten?
Sandra	Nicht mehr!
Öhmchen	Warum nicht? War euere Initiative nicht von Erfolg gekrönt?
Andy	Im Hinblick auf den Faktor Zeit schon, ja, unbedingt. Wir waren immer sehr schnell mit den Hausaufgaben durch, aber ...
Öhmchen	Aber?
Florian	Mit unseren Leistungen ging's rapide bergab, und das auf breiter Front, mit Ausnahme des jeweiligen Spezialfachs.
Öhmchen	Könntet ihr uns diese Entwicklung näher erläutern?
Andy	Das lief so: Flo war für Mathe, Steffi für Deutsch, Sandra für Latein und ich für Englisch zuständig. Den Rest erledigten wir mehr schlecht als recht in Coproduktion. Daß das nicht gutgehen würde, hätten wir uns von vornherein denken können. Gemerkt haben wir es deutlich nach etwa einem halben Jahr.

Öhmchen	Wo lag eurer Meinung nach der Fehler?
Stefanie	Wir haben uns selbst in die Tasche gelogen. Unser »arbeitsteiliges Lernteam« war in Wahrheit ein ganz schlichtes Abschreibekarussell, sonst nichts.
Öhmchen	Nach welchen Prinzipien arbeitet ihr heute zusammen?
Sandra	Wir haben uns vom Abschreibzirkel zu einem echten Team gemausert. Wir verstehen uns alle als Fachkräfte, wenn auch mit unterschiedlicher Qualität. Wir machen die Aufgaben wirklich zusammen.
Andy	Genau. Zusammenwirken, das ist der Knackpunkt!
Stefanie	Anfangs war das ganz schön hart.
Öhmchen	Inwiefern?
Florian	Wir vier können uns weiß Gott gut riechen. Und dennoch hat es Spannungen gegeben. Jeder von uns mußte erst lernen, den anderen auch bei einer noch so dummen Frage nicht auszulachen, mußte lernen, das Arbeitspensum, das er für die nächste Teamsitzung übernommen hatte, sorgfältig zu erledigen.

Öhmchen Wie läuft das ab?

Andy Häufig gehen wir die Hausaufgaben, z.B. Mathe oder Übersetzungen in Latein oder Englisch, die jeder vorher für sich allein bereits gemacht hat, gemeinsam durch. So sehe ich am besten, was ich kann. Habe ich was falsch gemacht oder sitze ich irgendwo fest, einer von uns weiß immer weiter. Ich finde, die Gruppe kann die eigene Arbeit sehr hilfreich unterstützen.

Stefanie Anfangs dachten wir, alles ließe sich in Gruppenarbeit erledigen. Das war ein Trugschluß. Gemeinsam Wörter pauken greift einfach nicht. Man stört sich nur gegenseitig, fängt an zu albern, und im Nu ist eine Stunde verflogen, und geschafft ist nichts. Sich abfragen, das macht Sinn. Am wertvollsten ist jedoch für mich die gemeinsame Vorbereitung von Klassenarbeiten.

Florian Wenn ich vielleicht noch etwas einschieben darf zum gemeinsamen Pauken... Verallgemeinernd könnte man sagen: Alles, was man stur pauken muß, also Mathe-Formeln, Geschichtsdaten, Chemie-Formeln, Wörter, Gedichte, Fakten jeder Art, muß man sich selbst reinziehen. Es ist aber hilfreich, wenn jemand da ist, der mich dann abhört.

Öhmchen Steffi, möchtest du uns erläutern, in welchen Bereichen dir die Teamarbeit besonders wertvoll ist?

Stefanie Meiner Meinung nach ist Teamarbeit besonders gut geeignet zur Vorbereitung von Prüfungen und Referaten. Hier tragen mehrere ihr Wissen zusammen, meine Wissenslücken kann ich dabei aufarbeiten, und wenn ich etwas nicht kapiert habe, kann ich sofort nachfragen. Außerdem macht es mehr Spaß.

Öhmchen Sandra, wo siehst du die Vorteile?

Sandra Ich finde das Zusammenarbeiten in der Gruppe gerade für Fächer wie Geschichte, Bio oder Erdkunde, wo das Mündliche so viel zählt, ganz toll. Wenn wir mit der Zeit gut hinkommen, tragen wir abwechselnd laut vor, was wir vorbereitet haben. Seitdem bin ich im Mündlichen viel sicherer geworden.

Öhmchen Das klingt ja unheimlich motivierend. Könnt ihr uns nun ganz konkret sagen, was euer heutiges Arbeitspensum umfaßt?

Stefanie Uns steht eine Mathearbeit ins Haus. Wir haben noch acht Tage Zeit. Unser bester Mathematiker ist Flo. Er hat den Stoff, den wir beherrschen müssen, in sieben Portionen eingeteilt; drei

Abschnitte übernimmt er selbst, auf uns entfallen die restlichen. In der Praxis sieht das so aus: Jeder kommt einmal dran zum Vorrechnen und Erklären. Die anderen müssen sich zumindest soweit in das jeweilige Tagespensum vertieft haben, daß sie wissen, was sie *nicht* können.

Öhmchen Und – das klappt?

Andy Ja, mit kleinen Pannen. Anfangs war es unheimlich schwer, die Selbstdisziplin aufzubringen, aktiv mitzuarbeiten und sich nicht auf die anderen zu verlassen. Zum Glück haben wir alle sehr schnell gemerkt, wie sehr wir von unserem System profitieren, sonst hätten wir möglicherweise wieder aufgegeben.

Florian Man profitiert wirklich unheimlich dabei. Zunächst fachlich. Ich bin durch das Erklären noch sicherer und besser in Mathe geworden, als ich eh schon war. Die anderen, glaube ich, haben sich alle um je eine Note verbessert. Sandra konnte sogar ihren Nachhilfelehrer in Pension schicken.

Stefanie Aber noch etwas, meine ich, muß erwähnt werden: Wir haben alle voneinander gelernt, ganz egal wie gut oder schlecht der einzelne war. Wir haben gelernt, solange Fragen zu stellen, bis der Groschen fiel.

Andy Für mich ist das Zuhören oft schwieriger als das Reden. Wie wir uns auf unser gemeinsames Referat in Geschichte vorbereitet haben, hat mir das gerade in diesem Punkt sehr viel gebracht.

Öhmchen Hat es denn auch Durchhänger oder Durststrecken gegeben?

Sandra Ja, natürlich, und zum Teil ganz banale. Weil wir relativ weit voneinander entfernt wohnen, wußten wir anfangs gar nicht, wo wir uns zum Lernen treffen sollten, ohne allzuviel Zeit zu verfahren. Wir haben deshalb unseren Beratungslehrer gebeten, sich dafür einzusetzen, daß wir uns in einem Klassenzimmer zusammensetzen dürfen. Wir mußten nur versprechen, daß wir kein Chaos hinterlassen.

Öhmchen Habt ihr zum Abschluß noch etwas Griffiges für unsere Leser zum Übers-Bett-Hängen?

Florian So spontan – laß mich mal kurz nachdenken... »Lernen in der Gruppe« und »Lernen allein« sind keine Gegensätze, sondern eine lohnende Ergänzung. Beide Formen sollten sich ständig abwechseln.

Öhmchen Sandra, Steffi, Andy und Florian, wir danken euch für dieses Gespräch und wünschen euch weiterhin viel Erfolg.

Quakos hat alles mitgehört.

Die »Aktion Nußknacker« ist eine »knackige« Idee.

Gruppenarbeit ist ein vorzügliches Training für ein sicheres Auftreten vor der Klasse, für gute Beiträge im Unterricht, für Prüfungen und Klassenarbeiten.

Gruppenarbeit ist schon prima – aber der Tee schmeckt meistens besser als das Thema des Referats.

Gruppenarbeit – Pro und Kontra

Das Interview mit den »Teamworkers« hat bei den Lesern des »Öhmchen« eine ungewöhnliche Resonanz gefunden. In der nächsten Ausgabe wurde ein Wettbewerb ausgeschrieben »Gruppenarbeit – Pro und Kontra«. Die Anzahl der eingesandten Arbeitsblätter war riesig. Die Jury hatte viel zu tun. Sie bestand aus den beiden Redakteuren, die das Interview durchgeführt hatten, einer weiteren Mitarbeiterin des »Öhmchen« und Herrn Bauer, dem Fachbetreuer für Deutsch. Den ersten Preis bekam Christine Hahn aus der 10b. Sie hatte nicht nur eine vorzügliche Auswertung des Interviews vorgelegt, sondern darüber hinaus weitere wertvolle Gedanken zur Gruppenarbeit gegenübergestellt:

Gruppenarbeit		
Voraussetzungen für das Gelingen von Gruppenarbeit	Welche Arbeiten müssen unbedingt alleine erledigt werden?	Welche Arbeiten lassen sich gut in der Gruppe durchführen?
– optimale Gruppengröße: 2–4 Mitglieder – kollegiales und kooperatives Verhalten der einzelnen Mitglieder untereinander – ruhiger, ohne großen Zeitaufwand erreichbarer Raum	– Faktenwissen – Paukstoff – Wörter – Grammatikregeln – Formeln – Geschichtszahlen – Gedichte – erste Bekanntschaft mit dem Lernstoff – Deutscher Aufsatz	– Vorbereitung von Klassenarbeiten – Vorbereitung von Prüfungen jeder Art – gegenseitige Nachhilfe – gemeinsames Referat – Simulieren von mündlichen Prüfungen

Vorteile von Gruppenarbeit	Nachteile von Gruppenarbeit
– gegenseitige Kontrolle und Ergänzung – Korrektur der eigenen Fehler – Auseinandersetzung mit anderen Meinungen – Selbstsicherheit – Verantwortung für einen Teilbereich der Gruppenarbeit – Effizienz der Arbeit – Zeitersparnis – Verstärkung der Motivation fürs Lernen	– Passivität – sich auf den anderen verlassen

Hast du noch einen Aufkleber für dieses Thema übrig?

Ein Team setzt partnerschaftliches Verhalten und gleichberechtigte Mitbestimmung aller Team-Mitglieder voraus.

Ellenbogen sind kein Fortbewegungsmittel.

Es lohnt sich, zum Thema »Gruppenarbeit« Pro und Kontra abzuwägen.

Worum sich alles drehte ...

Quakos möchte sich bei dir bedanken, daß du so toll mitgemacht hast. Er sagt dir: »Tschüß und ciao, mach's gut!«

Das Autorenteam:

Wolfgang Endres, Referent in der Lehrerfortbildung.
Monika Forster, Gymnasiallehrerin.
Frank Liebetanz, Studienrat.
Andreas Petermann, Realschullehrer.

CIP-Titelaufnahme der Deutschen Bibliothek

Mündlich: gut : die Lernmethodik zur mündlichen Mitarbeit /
Wolfgang Endres ... Gesamtkonzeption: Wolfgang Endres. –
Weinheim ; Basel : Beltz, 1991
ISBN 3-407-83104-8
NE: Endres, Wolfgang

Lektorat: Peter E. Kalb

Herstellung (Desktop Publishing): Klaus Kaltenberg
Druck: Druckhaus Beltz, 6944 Hemsbach
Umschlaggestaltung: Bernd Schröder Grafik, 6720 Speyer
Zeichnungen: Markus Olivieri
Printed in Germany

ISBN 3-407-83104-8

LERNHILFEN VON BELTZ

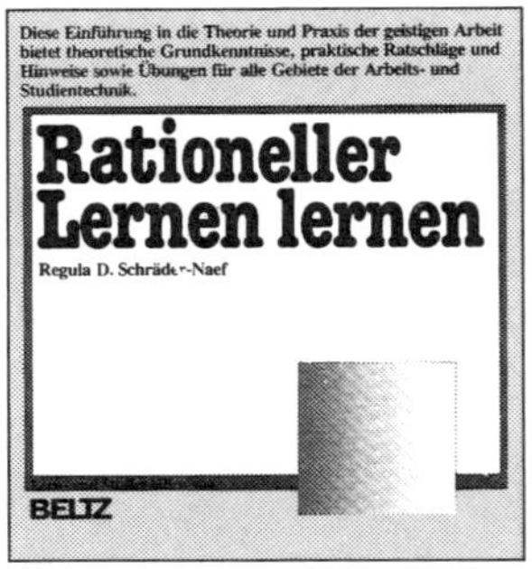

Schräder-Naef
Rationeller Lernen lernen
242 S. Br. DM 24,80
ISBN 3-407-83092-0
Diese Einführung in die Theorie und Praxis der geistigen Arbeit mit vielen Ratschlägen und Übungen für alle Gebiete der Arbeits- und Studientechnik wendet sich an Schüler, Studenten und alle Berufstätigen, die neues Wissen aufnehmen müssen und dabei rationell vorgehen wollen.

Tamm/Tamm
Lies mit uns, schreib mit uns
Br. Je DM 16,80
Leseförderung
Klassenstufe 2/3. 136S.
ISBN 3-407-20112-5
Lese-Rechtschreibförderung
Klassenstufe 3/4. 168 S.
ISBN 3-407-63000-X
Rechtschreibförderung
Klassenstufe 5/6. 144 S.
ISBN 3-407-63001-8
Arbeitsbücher mit vielen originellen Ideen, Bildergeschichten, Wortkartenspielen u.a.

Schräder-Naef
Der Lerntrainer für die Oberstufe
190 S. Br. DM 24,80
ISBN 3-407-83091-2
Diese Lern- und Arbeitsmethodik will jedem einzelnen Schüler ermöglichen, seinen eigenen Arbeitsstil zu finden.

Endres u.a.
So macht Lernen Spaß
Praktische Lerntips für Schüler.
204 S. Br. DM 24,80
ISBN 3-407-83032-7 ab 12
»Geplagte Schüler können es sich zwar kaum noch vorstellen, doch nach der gründlichen Beschäftigung mit dem Arbeitsbuch gewinnen Schüler wieder Freude an der Schule.«
Leben und Erziehen

Plickat
Der Rechtschreib-Trolli
Ein Übungsprogramm, mit dem Kinder ihre Rechtschreibschwierigkeiten selbst lösen können.
Je 144 S. Br. Je DM 19,80
2. Schuljahr
ISBN 3-407-83100-5
3. Schuljahr
ISBN 3-407-83101-3
4. Schuljahr
ISBN 3-407-83102-1
Durch den systematischen Aufbau kann jedes Kind genau das üben, was ihm die größten Schwierigkeiten macht. Stures, ermüdendes Pauken ist ausgeschlossen.

Adl-Amini
So bestehe ich meine Prüfung
Lerntechniken, Arbeitsorganisation und Prüfungsvorbereitung.
185 S. Br. DM 24,80
ISBN 3-407-83098-X

Endres u.a.
Mathe mit Methode
180 S. Br. DM 24,80
ISBN 3-407-83094-7
Mit diesem praxiserprobten Textaufgabenknacker sollen Schüler der Klassen 6-8 lernen, auch schwierige Textaufgaben gedanklich zu durchdringen, und sie sollen begreifen, was wirklich gefragt ist.

Endres/Engberding/Mertensmeier
Der Englisch-Trainer für die Sekundarstufe 1
204 S. Br. DM 24,80
ISBN 3-407-83060-2
Ein lustiges Übungsbuch und Nachschlagewerk mit einer Fülle von Anregungen, Tips und spannenden Fotos.

Endres/Klaas/Köhncke
Der Englisch-Trainer für die Oberstufe
191 S. Br. DM 24,80
ISBN 3-407-83078-5
Die erfolgreiche Textarbeit steht im Mittelpunkt der Übungen. Alle Textsorten werden ausführlich mit Lösungsmöglichkeiten, Interpretationsvokabular und Klausurbeispielen vorgestellt.

Beltz Verlag
Postfach 10 01 54, 6940 Weinheim
Preisänderungen vorbehalten

Endres
Lernen mit Kniff und Pfiff
Kleine Lernmethodik für Schüler von 9 bis 13 Jahren.
160 S. Br. DM 24,80
ISBN 3-407-83036-X
»Erfolg ist lernbar!« Das behaupten Pfiffix, die pfiffige Maus, und Kniffix, der gar nicht so dumme Esel, die den Leser durch das Buch begleiten. Sie zeigen, wie man spielerisch das Lernen lernt.

Endres/Ortlieb
Meine beste Lernmethode
Lernkassette mit Übungsbuch (71 S.) als Hausaufgabenhilfe.
DM 26,–
ISBN 3-407-83062-9
Die Kassette soll helfen, sich zu entspannen und günstige Lernbedingungen neu zu entdecken. Das Übungsbuch leitet mit vielen konkreten Lern- und Planungshilfen zum Aufbau einer eigenen Lernmethode an.

Richter/Pieritz
Keine Angst vor Klassenarbeiten
Übungsprogramm (47 S.) mit Tonkassette. DM 26,–
ISBN 3-407-83055-6
Dieses praktisch erprobte Trainingsprogramm zeigt, wie man etwas gegen Angst vor den Prüfungen unternehmen kann.

BELTZ

88021-17.10.-69,70

Sollten die Antwortkarten bereits herausgetrennt worden sein, schreiben Sie bitte oder rufen Sie kurz an:

Studienhaus St. Blasien
Hans-Thoma-Weg 4
Postfach 1105
7822 St. Blasien
Tel. 0 76 72 / 22 89
Fax: 0 76 72 / 22 46

Sie erhalten dann umgehend kostenlos und unverbindlich das von Ihnen gewünschte Informationsmaterial.

Ferien-Betreuung ENDRES

Senden Sie mir kostenlos und unverbindlich
(Gewünschtes bitte ankreuzen)

- ◯ Einen Satz Quakos-Aufkleber
- ◯ Informationsmaterial über weitere Lernhilfen
- ◯ Das Programmheft vom Studienhaus St. Blasien mit Lerntechnikseminaren und Ferienkursen für Schülerinnen und Schüler

Bitte tragen Sie Namen und Anschrift auf der Rückseite ein.

Senden Sie mir kostenlos und unverbindlich
(Gewünschtes bitte ankreuzen)

- ◯ Einen Satz Quakos-Aufkleber
- ◯ Informationsmaterial über weitere Lernhilfen
- ◯ Das Programmheft vom Studienhaus St. Blasien mit Lerntechnikseminaren und Ferienkursen für Schülerinnen und Schüler

Bitte tragen Sie Namen und Anschrift auf der Rückseite ein.

Absender:

Name

Vorname

Straße, Nr.

PLZ, Ort

Bitte frankieren

An das
STUDIENHAUS ST. BLASIEN
Hans-Thoma-Weg 4
Postfach 1105

7822 ST. BLASIEN

Absender:

Name

Vorname

Straße, Nr.

PLZ, Ort

Bitte frankieren

An das
STUDIENHAUS ST. BLASIEN
Hans-Thoma-Weg 4
Postfach 1105

7822 ST. BLASIEN